Phänomen-Verlag

Enjoy your Evolution!

Cordula Frei

Soulskin
Ein Weg der Liebe

Phänomen-Verlag

Bibliografische Information der Deutschen Bibliothek:

Die Deutsche Bibliothek verzeichnet diese Publikation in der Deutschen Nationalbibliografie; detaillierte bibliografische Daten sind im Internet über http://dnb.ddb.de abrufbar.

Soulskin - Ein Weg der Liebe
Cordula Frei
EAN 978-8494160998

artwork cover : AMANDA CHARCHIAN

Phänomen-Verlag
Web: www.phaenomen-verlag.de
E-Mail: kontakt@phaenomen-verlag.de

Satz & Gestaltung: Phänomen-Verlag

Inhalt

Meiner Tochter gewidmet

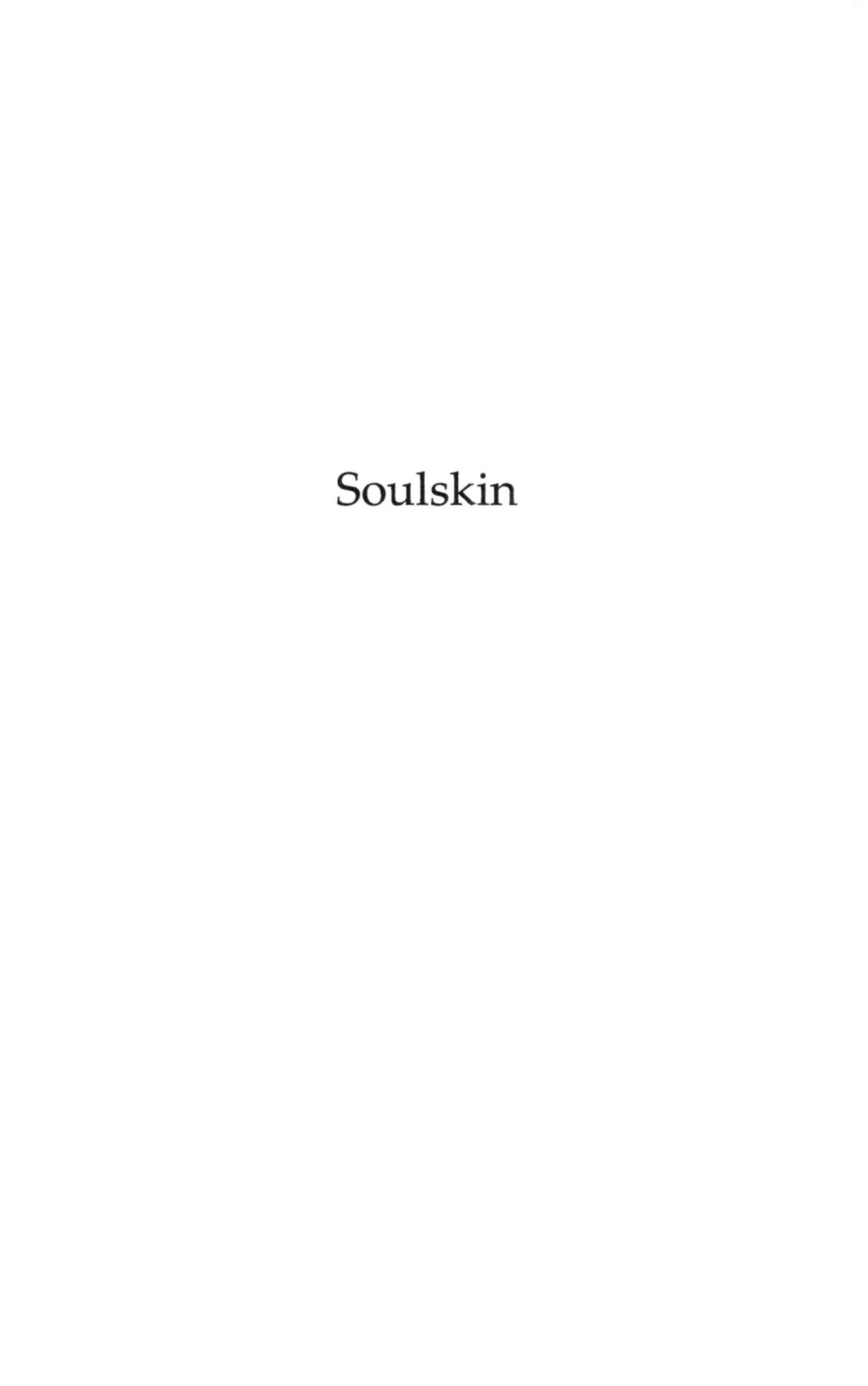

Soulskin

„Doch gibt es ein Licht, das tiefer als der Wille reicht, ein Licht, das die Finsternis hinter ihm erhellt: und dieses Licht vermag deinen Willen zu ändern, vermag ihn wahrhaftig zu deinem eigenen zu machen, so dass er nicht mehr der Wille eines anderen, nicht mehr der des Schattens ist. Der Wille der Schöpfung kann sich so in das Erschaffene ergießen und es erlösen."

- GeorgeMcDonald

„When you forgive, you love. And when you love, Gods light shines upon you."

- Jon Krakauer

„There's nothing wrong in searching for happiness. But we're using happiness there in a term as if it were the ultimate of human striving. And actually what we found in prison, and I find in life, which gives far more comfort to the soul, is something which is greater than happiness or unhappiness and that is meaning. Because meaning transfigures all. And once what you are living and you are doing has for you meaning, it is irrelevant whether you are happy or unhappy. You're content. You're not alone in your spirit. You belong."

- Hasten Slowly

INTRO: DER RUF DER SEELE

„Give thanks to those who are still going ‚first'. We are a singular organism and everyone is very important – irreplaceable in fact – but some of us literally serve as a scouts or skin, living on the edge, being the first ones to encounter new psychology, new perception, new ways of seeing and being. And just like skin, it is both extremely pleasurable, full of sensation and sometimes extremely dangerous ~ often the first thing that gets hurt or damaged.

To survive at the surface of experience, one must be constantly dying and renewing themselves, constantly shedding from exposure to intense Light and the sometimes hard impacts of the Truth of what is out there. And just like skin, this type of person is often on the outside – in contact with the body and in need of connection to heart, mind, and community but because of their love of something more, they are never surrounded by the communities they are part of or were birthed from.

In some sense, one could see shamans in this way. We go to them and ask, „what am I actually touching? I know what I am seeing, but what is actually there were I able to reach out and touch it? There is a fractal nature here, where we are all this."

- Kurt Hardesty

Sie hatte Kampfspuren in der Seele und Narben am Körper, als sie sich aufmachte das Leben erneut zu suchen, welches unschuldig und offen auf sie wartete. Ihre Herzensoffenheit für die Schönheit der menschlichen Existenz machte sie zu einem Menschen, der gerne weit in den Himmel blickte und sich tief verneigte vor der unendlichen Größe des unerforschten Raumes in dem sie sich geborgen wusste. Sie nahm sich in der Regel, was sie am tiefsten sättigte und hielt nichts von dem zurück, was ihre Gaben waren. Sie lachte gerne laut und weinte häufig lange, beides mit einer Großzügigkeit, die auf dem grenzenlosen Vertrauen in das Gute des Lebens beruhte. Sie war dem unwiderstehlichen Ruf nach Bewegung immer hörig gewesen, bereit alles hinter sich zu lassen, was sie oder den Anderen in Erstarrung zu bringen drohte.

Wer aber ist sie? Sie ist der verdrängte und abgespaltene Aspekt der weiblichen Psyche, der in so vielen Frauen heute wie gestern danach hungert wieder in Vitalität und Lebensfreude sich selbst zu führen, neue Wege zu beschreiten und dabei Instinkt und Wesensnatur zu integrieren. Dies ist die Reise, zu der sie uns einlädt.

Sie hatte sich im Trug von Schein und Sicherheit lange genug angepasst an falsche Versprechen und dadurch ihr ursprünglichstes Wesen enteignet von dem, wovon die göttlichen Urbilder aller Zeiten zu uns sprechen in Form der weisen Alten, der Königin, der schwarzen Göttin, Ishtar, Hekate, Kali oder Maria Magdalena, Sophia, Isis und der wilden Frau im Wald, der Mutter Baba Jaga. Sie ist die Kraft unserer Seele die uns erinnert: Es ist Zeit, die verlorenen Anteile der weiblichen Psyche zurückzurufen.

Sie ist jene, die sich vor der bewussten Rückbindung an die Kräfte der instinktiven Natur nicht fürchtet, und sie scheut sich nicht, lange Zeit alleine unterwegs zu sein. Wenn sie sich fürchtet, dann weiß sie, dass es ihr Los ist, ihrer Furcht ins Gesicht zu blicken, um auf der anderen Seite der Angst die Freiheit zu empfangen, um die Verkörperung der Liebe zu werden, nach der sie sich so sehr sehnt.

So ruft sie, die verborgene Kraft unserer Seele, jede Frau. Und rief seit Anbeginn der Zeit dazu auf, das Seelenkleid sich selbst zu erschaffen und immer neu in Form zu bringen. Und ruft auch ihn: Den kosmischen Geliebten bei seinem wahren Namen, denn nur wenn er den Weg, den sie alleine geht, versteht, kann sie ihm in neuer Weise Weggefährtin werden. Ihre Schätze wird sie dann vor ihm ausbreiten, welche sie eingesammelt hat in der Spirale die sie nach innen zog, ins unbewohnte Territorium ihrer ungezähmten Seele, und eine neue Frau wird einen Mann lieben, wie es die Liebe noch nicht gab auf Erden.

Als sie sich eines Tages aufmachte, wie es schon so oft geschehen war und immer wieder neu geschehen wird, um die Lebensquelle zu suchen aus der ihre Kräfte sich erneuerten, da behüteten die Wölfe ihren Schlaf und auch das Innerste ihrer Seele. Der Falke kreiste über ihr und wachte über ihren freien Geist. So zog sie in mannigfaltigen Formen übers Land, heilte, wo sie es vermochte und liebte ungezähmt und ohne Sorgen um den nächsten Tag. Stolz um die dicken Narben, die das Gehen auf der Erde in ihre Fußsohlen gebrannt hatte, beschränken sich ihre Ansprüche auf das Wenigste und ihre Verbundenheit zur Quelle der göttlichen Mutter nährte sie tief und köstlich.

Wenn sie aber sesshaft wurde wegen der Belange ihres Clans und die Bedürfnisse der Anderen wichtiger waren als der Geschmack ihres eigenen Lebenshungers, wurde sie mitunter müde und kraftlos. Sie verweilte dann zu lange an einem einzigen Ort und wanderte nicht mehr hinaus in die Prärie. Zuweilen schlief sie viele Nächte ohne die Sternenkraft des freien Himmels über ihr und vergaß dabei der kosmischen Stille Raum zu geben, in der die Stimme ihrer Seele sprach. Dann würde die Frau im Strom der Evolution ihr Seelenkleid zur Seite legen und für lange Zeit vergessen, woher sie einst gekommen war.

Ängstlichkeit und Sorgen verhärteten dann stattdessen ihr Gesicht. Der Körper würde einen Teil seiner Elastizität verlieren durch die beständigen Kontraktionen von Furcht um das, was sie umsorgte.

Dabei hegte sie – die Frau, die Mutter – dieses Leben zärtlich in ihren Armen, und oft war es die Sorge um das heranwachsende Leben der Kinder und ihres Clans, welches sie zu einer aufrichtigen Bedächtigkeit und Vorsicht mahnte, sodass sie das wilde freie Wesen vergaß, welches sie in Wirklichkeit war. Sie verwandelte sich dann im Lauf der Zeit zu einem domestizierten Wesen, das die Regeln der Anderen mehr akzeptierte als die Wahrheit, die in der Stille ihres Herzens lebte, und der sie sich unterwarf aus Anpassung und einem Bedürfnis nach Sicherheit, das sie bald mit Liebe verwechselte.

Sie liebte den einen Gefährten an ihrer Seite jeweils aufrichtig und treu und darin fiel es ihr, der Kraft der femininen Psyche, schwerer, sie in der Tiefe ihres Wesens zu erreichen, um den Klang ihrer eigenen Stimme wahrzunehmen und danach zu handeln. Oft würde sie handeln um der Liebe willen für den Anderen und nicht mehr fühlen, was in der Tiefe ihres eigenen Ursprungs darauf wartete, geschöpft und erschaffen zu werden. So würde sie, die Frau der Vergangenheit, beginnen, jenen, die sich um sie sorgten, mehr Glauben zu schenken, als dem Ruf aus der Tiefe ihrer vermeintlich dunklen Seele.

„Du bist zu intensiv. Zu lebendig. Es ist gut, dass du zur Ruhe kommst", würden ihre Freunde sagen, wenn ihre Unruhe und ihr Drang zum Chaos überhandnahmen. „Du bist unlogisch, irrational – zu kompliziert – denk nicht so viel nach, sondern mach dich nützlich", sagten die Anderen, wenn sie ihnen von ihren Visionen und Träumen erzählen wollte. „Chaotisch, sie bricht Naturgesetze … vielleicht ist sie gar verrückt?", mutmaßten die Nächsten, wenn sie sich unruhig und nervös im Schlaf wälzte und träumte, sie würde fliegen oder durch wildes Gewässer schwimmen. „Du gehörst zu uns. Deine Träume werden sich auflösen. Du wirst sehen. Hab Geduld und warte noch ein bisschen". So beruhigten sie jene, welche ihr das Gute wünschten in der Sicherheit ihrer Gemeinschaft. Wohl sah sie die Fürsorge und schämte sich insgeheim dafür, dass keine Zusicherung, kein Versprechen von Glück und Liebe und kein gut gemeinter Rat den Hunger stillen konnten, der sie aufschürfte und so zutiefst unruhig machte.

„Ich möchte nur, dass du glücklich bist", sagte der Mann an ihrer Seite. ‚Ich möchte so gerne glücklich sein', dachte sie. „Ich bleibe bei dir und vertraue dir", antwortete sie dann. Es war das Versprechen mit dem sie ihre Seele an eine unsichtbare Kette binden ließ. Nur die Träume, die sie verfolgten von Zeiten, lange bevor sie sesshaft war, hielten ihre Seele wach, gefüllt mit dem Duft der Wiesen und dem Sternenstaub der Nächte in der weiten endlosen Prärie. Die Wölfe riefen sie des Nachts verzweifelt und unermüdlich hinaus, dorthin wo sie unter dem Leuchten des großen Himmels die Weite des Universums wusste, und sie erinnerten sie: Du warst geboren, um Eins zu sein damit. Dort draußen ist die Grenze von Diesseits und Jenseits. Die Wölfe forderten sie unermüdlich dazu auf, ihren Willen einzusetzen und eine Entscheidung zu treffen. Sie riefen ihr warnend ihre Seele zurück ins Leben. Womit sie sich identifizierte, war eine Frage an ihre eigene Kraft. Wählte sie Sicherheit oder Lebendigkeit? Etwas hatte begonnen, ihr die Überquerung des dünnen Spalts zwischen den Welten schwer zu machen, und sie hörte die Warnzeichen der Müdigkeit und Resignation, die sie nun immer öfter lähmte. Es wurde Zeit, sich auf einen Weg zu machen, der viel von ihr verlangen würde. Aber so war es immer gewesen und so würde es immer sein: Die Prüfungen der Seele zum reifen Aspiranten, zum verwirklichten Menschsein jenseits der Prägungen, denen wir oft blind und ohne Bewusstsein folgen, erfordern Mut und Ausdauer.

Der Pfad, zu dem es sie rief, brachte eine andere Art des Unterwegsseins, als die Frau es bisher kannte. Es war ein Weg in das Innere ihrer Seele, begleitet von Wächtern und Toröffnern, die sich auf mystische Weise offenbarten. Der äußere Weg ging selten synchron mit der inneren Navigation. Lange wartete sie und oft geduldig, um die Zeichen zu deuten für den nächsten Schritt. In dem sie ihre Träume reifen ließ, wuchs eine Kraft der Beharrlichkeit, bis sie jeweils zu verstehen lernte, wohin die weise Navigation der Seele sie als nächstes führen sollte.

„Deine Psyche wird diese Reise nicht überleben. Du wirst verrückt werden", sagte einer, der von ihr viel gelernt hatte in den letzten Jahren. „Du wirst zu einsam sein ohne den Rückhalt deiner Gemeinschaft. Keine hat diese Reise je ganz alleine angetreten", sagte eine, von der sie geglaubt hatte, es wäre eine Schwester. „Bleib bei uns. Bleib bei uns. Verlass uns nicht …", flüsterten die Vielen.

Nur die Wölfin wich nicht wieder von ihrer Seite und sorgte dafür, dass Vertrauen und Instinkt sie bewahrten, um zu reifen und zu wachsen, auch als ihr Seelenkleid verloren war und die große Göttin sie hinausführte in die einsame Prärie.

So sieht man sie vielerorts wandern. Manchmal mit Tieren und Kindern sprechend, mit den Sternen verbunden und eins mit ihrem Klang, lauscht sie den Gräsern am Wegesrand. In den Falten ihres dunklen Gesichtes tanzen Lachfunken von Tränenglanz, und ihre Haut leuchtet umhüllt vom goldenen Glanz der Liebe selbst. Man weiß nie, ob man das Glück hat, ihr zu begegnen, und falls sie am Wegesrand steht, ist ungewiss, ob sie lacht oder gerade weint, denn die

Freuden und Tränen sind ihrer vieler wie die unzähligen Geschichten, die sie im Herzen mit sich trägt.

Wer sie ist?

Sie ist Du.

Sie ist das Eine ungeteilte Gesicht der Göttin auf der Suche nach sich selbst.

Kapitel 1: Der Aufbruch

„Der Mensch schreitet auf das ihn Überwältigende zu, als hieße nur dies: zu sich selber. Und entfiele ihm sogar die Fähigkeit, sich an Beglaubigungen auszudenken, an Zusicherungen, was seinem Leben zu Andacht und Vertrauen werden könnte – dennoch vollzöge sich in ihm das natürlichste aller Wunder: Dass das, was ihn am totalsten angeht, ein ihn selber Überwölbendes sei."

- Lou Andreas-Salome

Auf diese Reise führte sie eine Begebenheit im Sommer.

Sie saß im warmen Mittagssonnenlicht an einem kleinen Bach und badete ihre Füße. Der Mann an ihrer Seite beobachtete sie eine Weile still. „Diese Liebe, diese Liebe, die du bist, ist es nicht eine für jeden und zu jedem, zwischen allen Menschen?", fragte er mit unendlicher Sanftheit und während er es sagte, beobachtete sie die Träne, die seine Wange benetzte.

Hier war der Schmerz, vor dem sie sich so lange gefürchtet hatte. Sie wusste, was er nun von ihr forderte. Sie konnte nur ahnen, was es ihn kostete, dies zu tun. Für einen kurzen Moment erlaubte sie sich selbst eine Träne, die er zärtlich mit seinen Fingern auffing und flüsterte: „Wenn es nur ein Mal, ein einziges Mal etwas gäbe, was ich ganz für mich behalten dürfte".

Mit unendlicher Liebe blickte er sie an. „Ich weiß. Ich weiß – was es für dich bedeutet. So lange blicke ich schon auf diese Wunde, die du nicht fühlen wolltest. Hast du dich nicht längst dazu entschieden, das zu tun, wozu ich dich jetzt zwingen werde, damit es ein einziges Mal ein Ende findet und du zu dem werden wirst, wozu du bestimmt bist, durch die große Göttin selbst?“ Während er sie anblickte, gab sie ihm recht. Sie fühlte den Ruf der Liebe seit Tagen, Wochen schon und wusste, es stand ein Aufbruch an, der sie in neues Territorium führen wollte. Zu viele Dinge hielt sie noch fest. Sie schaute zu ihm. Es gab niemanden bei dem sie sich so aufgehoben, so vollkommen zu Hause fühlte wie bei ihm. Sie wusste, er würde ihr diese Türe der Vertrautheit zwischen ihnen nun verwehren. Er würde sie hinaus stoßen aus der Sicherheit die sie bei ihm gefunden hatte und sie zwingen, die Liebe an die Welt zu verlieren oder sie im Kosmos wieder zu finden. Beide wussten, wie groß das Risiko war, dabei alles zu verlieren. Sicherheit oder Freiheit. Das kleine Glück zwischen ihnen beiden oder die große Ekstase jenseits aller Formen im Sternenstaub der Ewigkeit geboren. Sie wusste, es war Zeit, die Liebe aus ihrem Ursprung der Nicht-Bedingtheit in die totale Verschmelzung zurückzuführen. Es war Zeit, der Bedingungslosigkeit ihres wahren Wesens zu begegnen. Dazu würde sie alles hinter sich lassen müssen, was sie geprägt hatte, was sie gebunden hielt und wo sie dazu geneigt war, sich zu verhaften am Anderen, an der Liebe selbst.

Sie würde ihn nicht und vielleicht niemals wieder sehen. Das, was sie jetzt zwingend in die Knie beugte und wie ein Beben durch ihren Körper vibrierte, war der

Ruf, sich der Quelle des Lebens zuzuwenden und keine weiteren Umwege dabei zu gehen. Es war ihr klar, dass ihr Leben auf dem Spiel stand. Das alte Leben, zu dem sie nicht zurückkehren konnte und ihr inneres Leben, welches sie jeder Prüfung hingeben musste, die ihr begegnete. Um das innere Leben sorgte sie sich mehr als alles andere. War ihre Seele stark genug? Würde sie den Wogen der Verlassenheit, der Angst und der Einsamkeit trotzen können und zugleich alles fühlen, was gefühlt werden musste, um dieser radikalen Freiheit standzuhalten, die durch sie hindurchbrennen würde, wenn sie dem Ruf nun folgte und alles ließ, was sie liebte und woran sie sich gewöhnt hatte? Würde ihre Seele die Stärke haben, sie zu erinnern, dass sie nicht die Liebe verlieren würde, sondern die Abhängigkeiten in Emotionen und Gefühlen, welche der Willkür von Zeit und Raum unterworfen waren. War sie darauf vorbereitet, der Freiheit entgegen zu blicken und in der dazu nötigen Vernichtung die Wärme ihres Herzens zu bewahren?

Welche Stelle wartete da im Innersten ihrer Psyche auf Begegnung, die sie so sehr bedrohte, als gälte es, das Leben selbst zu verlieren. War es die Angst vor dem Alleinsein, fragte sie sich. Erinnerungen, gleich eines Urschocks, schienen in ihre Zellen hineingebrannt in jenem mysteriösen Moment der Trennung, die jedem lebendigen Wesen eigen waren. Wann hatte diese Trennung stattgefunden, war es nicht immer schon gewesen, das tiefe Sehnen nach einer Zugehörigkeit, deren Ursprung sie nicht kannte? Oder anders betrachtet, wann und wo war der Moment geblieben, von dem sie wusste, den sie aber nicht fühlen konnte: des Ungetrennten, des Eins-Seins, wann hatte sie es verlassen? War sie das Eine im Vielen, oder gab es den Anderen in der ewigen Stille des Universums, den Sog zur Erfüllung ihres Wesens? Was konnte das sein, wenn es nicht ein Mann, ein Mensch, eine weitere Fantasie und Projektion ihres Verlangens sein würde, welches ihr Sicherheit und Bestätigung vermitteln konnte, aber keine Antwort auf den Ruf, den ihre Seele ins Universum geschleudert hatte: FINDE MICH. DU – das Andere, das Ich bin – Suche MICH. Damit es wieder eines wird.

So saß sie an dem Bach in diesem zauberhaften Tal und wusste, es war Zeit sich auf den Weg zu machen.

Sie hatte weder mit der Wucht des Schmerzes gerechnet, noch mit der Schnelligkeit, mit der ihre gemeinsamen Stunden gezählt waren und sie sich alleine wiederfand auf dem Weg, der sie immer schon gerufen hatte. Die Kraft, die dem Weg dadurch inne war, war groß. Der Abgrund an ihrer Seite ebenso. Schwindel überfiel sie.

War das Männliche selbst dieses inneren Todes zu sterben mutig genug? Würde er sie wirklich ganz verstoßen, gnadenlos jeden Zugang zu falschen Versprechen und Sicherheiten einer illusionären Welt der Vergänglichkeit verriegeln? Wie groß würde sein Mut sein und seine Treue, dies zu tun. Aus der Reinheit des Geistes jenseits von persönlichen Bedürfnissen und Besitzansprüchen entsprang die Quelle der Liebe. Sie wusste es. Sie würde es nie vergessen.

Sie fühlte den Ursprung, aus dem das Ungeschaffene begonnen hatte, Form anzunehmen. Sie konnte in ihren Träumen sehen, wie sich der göttliche Schaffensstrom Bahnen suchte durch die Frauen aller Kulturepochen.

Sie spürte die Geburtsstätte dieser ursprünglichsten Kraft, als wäre es ein Sternennebel im Weltall, aus dem heraus der Erdenplanet mit Liebe zu wärmendem Leben erweckt und alles lebendige Sein zu dessen Verkörperung wurde. Wie intensiv diese kosmische Intelligenz in einem weiblichen Körper, die darauf wartete, in lebendige Erscheinung zu treten. Sie fühlte sich in diesem lebendigen Strom von keiner Frau getrennt. Linien von Göttinnen und Urbildern, aus dem Akt der Liebe der Schöpferin selbst geformt, die sich hingegeben hatte, Verkörperung zu sein, um in dem unbekannten Risiko zu werden, vor dem sie, heute wie damals gleichermaßen, stand wie immer schon jede Frau auf dieser Erde: nicht wissend, wohin die Reise führt.

Sie war für einen Augenblick gleich allen Frauen in einem Dasein, gesegnet mit der Gabe des Schöpfungsimpulses und doch gleichsam verflucht, im steten Zwiestreit von Machtmissbrauch und dem Willen zur Barmherzigkeit. Wie konnte ihr Wille eins werden mit dem großen Willen der Welt? Wie würde ihre kleine Liebe Gefäß sein können für eine Liebe, die alles umfasst und niemanden zurückweist? Es fröstelte sie bei dem Gedanken. Sie würde allen Aspekten der kosmischen Mutter begegnen auf ihrer Reise und sie ahnte einmal mehr, dass sie sich selbst dabei verlieren musste.

Nachdenklich blickte sie in das klare Wasser des kleinen Bergbaches und beobachtete den Gefährten, der weiter unten in stiller Meditation verweilte. Sie wusste, er würde sie hinausschicken in ein ödes Land. Weit in der Ferne sah sie einen Falken kreisen und fühlte sich merkwürdig erregt von seiner Gegenwart. Aufregung überfiel sie, in unbekanntes Terrain hineinzustoßen. Der Mann indessen ging jetzt zu seiner Frau und seinen Kindern, um dem Frieden, dem er sich versprochen hatte, zu dienen. Wie real und berechtigt diese Handlung im Grunde doch war. Sie blickte auf das kleine Tal und ließ das kühle Wasser durch ihre Hände fließen.

Ob sie ihn liebte? Diese Frage hatte sich nie gestellt. Der Ort, den sie teilten, war still und voller Unschuld, sie waren fast wie Kinder, die sich einander nicht erklären. Nie hatte es Zweck gegeben zwischen ihnen und auch kein Begehren. Als sie seinen tiefen Seelenfrieden spürte, der nach seinem Hineintauchen in den Ort von Ungetrenntheit in seinem Seelengrund von ihm ausströmte, überfiel sie eine Ahnung, dass er sie ganz würde vergessen müssen, um sie zum Gehen zu bewegen. Sie sah für einen kurzen Augenblick, wie allein seine Seele nun sein würde, wenn sie gleich aufstand, ihre Sachen zusammensuchte und sich auf den Weg begab. Er würde weinen, sie nicht. Ihre Tränen würden viel später kommen, das wusste sie. Fast fürchtete sie sich vor dem, was er sich abverlangte, um in eine Welt zurückzukehren, wo andere Gesetze und Gelübde auf ihn warteten. Einen Moment spürte sie den Wahnsinn seiner Handlung.

Konnte der Mann ihrer Intensität und ihrer Lebendigkeit in der bedingungslosen Hingabe an die Liebe standhalten oder würde er sie von nun an immer meiden? Konnte er ihr eines Tages aufrichtig begegnen, um erneut zu prüfen, ob sie wirklich erwacht war als kosmisches Herz ohne eigenen Zweck, oder würde er für immer den Zugang verloren haben zu ihr? Welches Opfer wurde hier von ihnen beiden gefordert.

Sie wusste, alles Weitere lag nicht in ihrer Hand, und nur das Ausmaß seiner ihm selbst zugewandten Integrität würde dafür Maßstab sein. Wie groß waren sein weites Herz und seine geistige Ungebundenheit wirklich, um all seine Bedürfnisse für die Vollendung der ‚höchsten Wahrheit' sterben zu lassen? Der Zeuge und der Handelnde, dazwischen das große Nichts: Ishvara Shakti, das Prinzip des göttlichen Vaters, des unmanifesten Geistes in zeitloser Ewigkeit ruhend und handelnd.

Wie lange hatten die Götter schon dieses Spiel gespielt? Wie lange war die Göttin, die sie nun führen würde, schon verbannt, verstoßen, vernichtet und verbrannt worden und hörte nicht auf, ihr Recht einzufordern als Schöpferin von Leben?

Die weibliche Wiederherstellung von Würde und Autorität der verbannten Göttin aus ihrem Exil zurück zur Versöhnung zwischen Mann und Frau hatte sie sich ganz anders vorgestellt als das, was sie jetzt beide vollziehen würden.

Die Erinnerungen ihrer Seele an eine längst vergangene Zeit der weiblichen Vorherrschaft und Macht waren so real in ihr lebendig wie die Wunden, welche Frauen geschlagen hatten im Laufe der Zeit. Das Exil, in dem sich die göttliche Quelle befand, war nicht nur den Verletzungen zuzuschreiben, welche den Frauen widerfuhren. Wenn sie nur lange genug an der Schicht darüber kratzte und ihren Träumen zuzuhören lernte, spürte sie, dass auch sie würde um Verzeihung bitten müssen. Sie würde gezwungen werden, in die Knie zu gehen.

Wem geben wir täglich und stündlich erneut die Macht, unsere Herzen und Körper zu verschließen und bestimmen zu wollen, wen und wann wir lieben, fragte sie sich. Wollte nicht auch sie selbst sich endlich ausruhen in der tiefen Übereinkunft, welche sie beide verbunden hatte als Mann und Frau, und die restliche Welt dabei vergessen? War nicht schon ein besitzergreifendes Monstrum der weiblichen Psyche in ihr erwacht, welches Liebe mit Besitz verwechselte? Entschlossen stand sie auf und sammelte ihre Sachen. Es war Zeit, zu gehen.

‚Liebe in sich zu verkapseln und die segnende Geste für die sie geboren wurde, zurückzuhalten?', dachte sie, als sie voller Liebe in das Tal blickte, welches ihr so viel Geborgenheit und Freude gegeben hatte. Die Falle des weiblichen Einweihungsweges: vereinnahmende und den Anderen in besitzergreifende Rollenspiele drängende Liebe; wie gewaltvoll das alles war. Den Einen mehr zu lieben als den Andern, einzelne Menschen durch die Personifizierung von Liebe gar ganz auszugrenzen aus ihrem großen weiten Wesen der Liebe selbst, ein Missbrauch in Selbstzufriedenheit, die fad und schal schmeckte. Wie aber konnte sie, die Frau, den krallenden Griff im Exklusivempfinden auf den Besitz des Göttlichen und die Verkörperung der Liebe selbst aufbrechen wenn nicht in einem aufgebrochenen Herzen, in einem bloßgelegten Geist, dachte sie, als sie ihre Jacke um die Schultern legte, denn es war nun kühl geworden. Das Tal lag vor ihnen in blauem Abendlicht und die einzelnen Höfe versprachen ein Gefühl von Geborgenheit und Ruhe.

Sie wusste, ihr Herz musste aufbrechen, um der Liebe Raum zu geben.

Nur so öffnete sich das Tor. Sie blickte ihn an und fragte leise: „Wenn ich es nicht schaffe dieses Alleinsein, die Trennung, die Zerstörung die wir nun vollziehen von allem, woran ich glaubte – wenn meine Psyche zerbricht und ich es nicht halten kann, so gebrochen offenbar zu liegen ...", er nahm ihre Hand und hielt sie für einen kurzen Augenblick, „... wirst du mich holen, bevor es zu spät ist und hier her zurück bringen, in dieses Tal und an diesen Bach und mich daran erinnern, dass meine Seele selbst gewählt hat, diesen Weg zu gehen?" Er blickte in die Ferne und zeigte auf ein blaues Bauernhaus. Es war überaus lieblich anzusehen und die weißen Kirschblüten umrahmten es in zauberhafter Weise. Dann schaute er sie an und sie spürte, wie ihr Herz schon begonnen hatte zu brechen. Sein Blick war voller unendlicher Liebe, einem Versprechen gleich; schau, das alles hätten wir haben können. Und wir wissen, dazu bist Du nicht bestimmt. Es ist nicht der Weg, zu dem dich deine Seele ruft. Und sie wusste, ohne dass er es sagte, dass die Liebe, die er für sie fühlte, zu groß war, um in dem blauen Haus oder in ihren Körpern oder in einem Versprechen innerhalb der Zeit Raum zu finden.

Sie wusste, er würde sie nicht retten können. Die Prüfung hatte begonnen.

Der Falke stieß einen Schrei aus und flog in die Weite der dunklen Berge.

Durch die Gnade ihrer entblößten Seele würde sie dasjenige zu empfangen lernen, was der erwachte Mann selbst sich so sehr sehnte ihr zu schenken und nicht konnte. Es war kein Versprechen zwischen ihnen. Es war ihr Versprechen, alles zu tun, um sich in dem auszudehnen, was sie das kosmische Herz nannte. Es zu empfangen und zugleich mit ganzem Körper zu sein, hinein zu sterben in alles, was sie davon trennte. So würde Liebe die Erde durchleuchten und die kosmische Mutter in ihr aus ihrem Exil erwachen. Als sie sich aufmachte, hörte sie seine Worte manchmal noch, wie ein Rascheln der Blätter im Wind.

„Du musst dein eigenes Herz abtöten“, sagte der Falke, als er in der Nacht in ihrem Traum erschien, „Du musst dein eigenes Herz abtöten, um in die Ekstase der reinen Freude einzutreten“ und sie wusste; die Reise hatte begonnen.

Kapitel 2: Unbekanntes Terrain

„The more thou dost advance, the more thy feet pitfalls will meet. The Path that leadeth on is lighted by one fire - the light of daring burning in the heart. The more one dares, the more he shall obtain. The more he fears, the more that light shall pale."

- Helena Blavatsky

Suchend und nicht wissend, was genau es war, das sie zu suchen glaubte, mit jedem Schritt tiefer den Ort in sich fühlend, den sie als Abgrund ihres Innenlebens mit gutem Grund immer gemieden hatte, so machte sie sich auf den Weg in die Tiefen ihres Unterbewusstseins, dort wo die Ängste und verdrängten Lebensimpulse wie Schatten auf ihren Besuch warteten. Die Reise hatte begonnen.

Sie hatte freiwillig alles aufgegeben und hinter sich gelassen, was ihr psychologische Sicherheit und Zugehörigkeit gegeben hatte. Es war ein selbst erwähltes Exil, ein freies Land dem sie sich nun willentlich näherte. Manche alten Weggefährten hatten sich in Hohn in Anbetracht ihres Gebrochenseins abgewendet, andere in Hochmut und Triumph, die meisten aber wohl in Furcht vor der irrationalen und unwillkürlichen Handlung, welche ihr Leben nun bestimmte und alles mit sich riss, was noch an ihr festhalten wollte. Manche hatten ihren Mut gesehen und auch das Leuchten der Liebe in dem dargebotenen Herzen und fühlten sich daran verbrannt. Denn: Ja, sie brannte. Der Abgrund der sich nun offenbarte war tief und kannte kein Erbarmen, nahm keine Rücksicht und zog sie tief in die Wunde in ihrem Innern, die sie ihr ganzes Leben gemieden hatte. Dieser Riss im Herzen, der sich ausdehnte und immer größer wurde, wie eine klaffende Wunde setzte Urgewalten von Schmerz und Trauer frei, für die sie keine Namen kannte. Manchmal war es ihr eigener Schmerz, oft jedoch ein Jahrtausende Jahre altes Erbe von Frauen, die sich in ihrer Psyche austobten, sich wehrten, schrien und aufbegehrten, um dieses Tor nicht zu durchschreiten.

„Ich will im Recht bleiben", schrie das weibliche Kollektiv und dröhnte in ihrem Herzen. „Dieses Unrecht!" wetterten Moral, Gewissen und alles Gute und Schöne, das ihr im Leben gedient hatte. „Wehre dich! Lass dir das nicht gefallen. Nicht noch einmal, nicht noch einmal Tod und Zerstörung, nicht noch einmal durch den Wahnsinn des Schmerzes Verstoßene zu sein", flüsterte ihre innerste Stimme verzweifelt. Es war ihr bewusst, wie nahe sie der Stelle gekommen war, wo ihre Schwestern im weiblichen Kollektiv, unfreiwillig, verbannt, ins Exil gestoßen, verlassen und entmächtigt worden waren. Wie merkwürdig es doch war, in vollem Bewusstsein ihre eigene Handlung zu bezeugen, in der sie sich dankbar fast in diesen Strudel von Sterben und Zerstörung ziehen ließ. Endlich nicht mehr wehren! Endlich die Struktur nicht länger aufrechterhalten und dem begegnen, was in der Tiefe des Wesensgrundes auf sie wartete.

Es zog sie immer tiefer in den Urgrund dieser schwarzen Öffnung und orientierungslos fiel sie zu Boden, suchte Halt an der Oberfläche der Muttererde und pulsierte ihren brennenden Körper in die weiche feuchte Nässe der braunen Kruste, welche die Erde umhüllte. Ihre Muskeln und Gliedmaßen gaben ihr keine Stabilität mehr, ein irrwitziger Schwindel hatte sie gepackt, und auf ihre Sinne und ihren Instinkt war kein Verlass mehr. Sie war in den Strudel von Irrsinn eingetreten und ließ sich wirbeln und drehen, ohne den festen Boden zu suchen. Gleich schwarzen Löchern im Universum fühlte sie sich von einer höheren Macht in ein unbekanntes Sein hineingesogen und ließ es geschehen. Worte verließen sie, welche sie so oft selbstverständlich gesprochen hatte, Gedanken brachen ab und hatten keinen Sinn. Sie konnte die Dinge nicht mehr ihrer Sinnhaftigkeit zuordnen und immer öfters vergaß sie die Namen von Menschen, mit denen sie zusammen war, wie auch die Jahreszeiten, das Datum des Tages, ein Empfinden für Wärme und Kälte. Das Niemandsland in dem sie schwebte war kalt und ohne Erbarmen. Dies war der Ort, vor dem sie sich gefürchtet hatte, ein Leben lang, denn die Wärme ihrer Seele stand der Vernichtung durch diese Grenzenlosigkeit machtlos gegenüber.

Die Nacht war kurz, geprägt von vielen Stunden der Ausdehnung ins kalte All, so dass Zeit und Raum ihr keinerlei Orientierung mehr boten und im Traumgeschehen blieb sie wach wie ein Zeuge, der niemals ruht. So fand sie weder Kraft im süßen Vergessen des Schlafes noch im geborgenen Raum der Träume. Müde und doch hellwach zog sie sich zurück in die Höhle von Innenraum, den sie ein Leben lang gemieden hatte, und ihre Haut schmerzte bei jeder Berührung, als würde sie glühen, je tiefer sie in die Innenschichten ihres Wesens eindrang und es sorgsam untersuchte. Nackt war alles und bloß gelegt, was ihr Verstand so sorgsam gehütet und geordnet hatte in einem System von Regeln, Gepflogenheit und Etiketten, um ihrer Person Kontinuität und Identität zu verschaffen. Sie stand in den Flammen ihres selbst gewählten Scheiterhaufens und wusste, es gab keine Tür, die ihr den Tod weisen würde, denn diese Transformation war dem ewigen Leben bestimmt und brannte in dem Wahn einer zeitlosen Ewigkeit, die niemals enden konnte.

Zuweilen, wenn sie sich dem Schmerz über ihr herausgerissenes Herz so ausgeliefert fühlte, dass ihr der Wahnsinn bedrohlich nahe kam, erschien an ihrer Seite die alte Frau, die ihr so oft schon beigestanden hatte. Sie nannte sie die schwarze Mutter des Todes.

Zum ersten Mal war sie ihr am Strand begegnet, wo sie mit einer Gruppe von jungen Menschen freudig und ausgelassen tanzte. Die große Mutter stand oben auf der Klippe ernst und still, in ein schwarzes Kleid gehüllt, und blickte mit dem Rücken ihr zugewandt auf das weite Meer. Als junges Mädchen fürchtete sie sich vor ihr, so wie ihr viele Jahre später immer noch graute, wenn sie ihr in Träumen erschien, denn sie kam immer, um den Abschied anzukündigen und Raum für Neues zu schaffen. Ihre Gestalt war hager und gebückt, und sie schien uralt. Ihre Gegenwart störte die Ausgelassenheit und Freude des jungen Mädchens und sie brachte einen Missklang in ihr leichtes Spiel, gleich einer Vorbotin des Unglücks in ihrem unbefangenen Mädchensein. Sie wusste, dass diese Gestalt alles verloren hatte, was es zu verlieren gab, und ein unheimliches Gefühl ging einher mit ihrer ernsten wissenden Präsenz. Wie oft hatte sie diese Begegnung gefürchtet? In den Nächten, in denen sich ihr Körper hin und her wälzte und keine Ruhe fand, begann sie mit der jungen Frau zu sprechen, die sie selbst einst war.

„Erzähl mir", flüsterte sie dann, „erzähl mir von der alten Frau".

Und die junge Frau sprach:

„Das Gesicht der schwarzen Urmutter ist jetzt unverschleiert und sie dreht sich zu mir. Gleißendes Licht, gleißende Liebe blickt mir entgegen. Sie ist seelenruhig".

Für einen Moment atmete sie selbst in diese Ruhe und spürte ihren wohligen, erdigen Klang. „Erzähl mir mehr von ihr", flehte sie. „Was sagt sie? Wer ist diese alte Weise, die den Tod kündet?"

Die junge Frau beschrieb nach einer längeren Pause, was sie gesehen hatte:

„Die große Göttin hat alles hinter sich gelassen und den Tod oft gesehen. Sie war oft dem Irrsinn nahe gewesen. Ihren Augen entgeht nichts. Sie hat so viel gesehen, dass sie im tiefsten Grunde hätte zerbrechen müssen aufgrund dessen, was sie sah. Aber sie ist nicht zerbrochen, sie ist offenbar – offenbarte Weisheit. Und jetzt bohren sich diese brennend schwarzen Augen in die Tiefe meines Herzens und mir wird bang. Aber sie dringt weiter und tiefer ein in diese eine Wahrheit, die unlogisch, nicht linear, statt dessen komplexer und nicht zu greifen ist."

Die junge Frau atmete tief. Dann fuhr sie fort:

„In langen Nächten hatte sie gelernt, dem zu lauschen, was der Wind in den Blättern und die Sterne in der Weite des Himmels zu erzählen wussten. Die Kinder, denen sie zum Leben verholfen hatte und deren Tod sie, auch wenn es unvermeidlich war, begleitete, waren ihr auf ewig anvertraut. So sanft wurde sie dann, so zart ihre Hände, wenn sie streichelnd etwas von dem berührten, was so schwer als Schicksal lastete auf denen, die ihr nahe waren."

Nun wusste sie plötzlich: Sie bewahrte das LEBEN selbst! Sie, die wie der Tod vor ihr gestanden hatte, war die Künderin des Lebens.

Sie stand vor der Hüterin des Lebens. Als sie das in ganz neuer Tiefe verstand, dort wo sie keine Hoffnung mehr verspürt hatte und auf ihr Leben blickte, welches nun düster und leer vor ihr ausgebreitet lag, da reichte die Alte ihr die Hand, die so zerbrechlich war und mit festem Druck überreichte sie ihr den Schlüssel, den sie fortan an ihrem blutenden Herzen trug. „Hab´ Vertrauen", flüsterte die alte Weise, „Hab´ Vertrauen. Das Leben ist gut. Das Leben ist gut."

So lief sie alleine weiter, und manchmal begleitete sie die junge Frau, die ihr in lautloser Seelensprache berichtete, ein Stück des Weges; lauschend und zeitlos war ihre Gegenwart und nahm ihr ein Teil des Schmerzes und der Bürde. Die alte Hüterin des Lebens trat zuweilen zu ihnen und öffnete ihren Blick hin zur Zukunft und manchmal murmelte sie undeutliche Worte vor sich hin, die in etwa so klangen:

„Meine Tochter: Ich möchte dir antworten. Höre niemals auf, dich diesem Raum anzuvertrauen, diesem hintersten Zimmer in deinem Herzen dort, wo du den verborgenen Schmerz aller Menschen fühlst und zugleich weißt, dass es der Ort deiner tiefsten Lebendigkeit und Lebensfreude ist. Das ist kein Widerspruch, auch wenn es sich so anfühlt.

Du hast ein Recht auf diese Lebendigkeit. Du hast ein Recht auf die Intensität der Liebe, die du dich scheust zu fühlen. Die Tür zu diesem sprudelnden Leben ist der Mut, nicht wegzublicken. Zu sehen, was ist und darin zu bestehen. Dieses Licht, welches sich durch dich ausdrückt, wenn du singst, wenn du tanzt, wenn du lebst: weil du bist. Diese Freude an deinem Sein, an diesem unbegrenzten riesigen Sein.

Du selbst bist die Hoffnung des neuen Morgens, der beginnt, den Raum des Schmerzes nicht mehr wegzupacken, nicht in verspannte Körperteile, nicht in neue Abhängigkeiten, nicht in Oberflächlichkeiten.

Und während sie dies oder ähnliches sagte, schüttelte sie sie, schubste sie manchmal fast grob auf dem unwegsamen Pfad oder führte sie mit unendlicher Zartheit an einen Busch mit Beeren, die sie ihr in den Mund steckte.

„Du bist die Tür zu dem Ort, der weiß, dass Liebe stärker ist."

„Du bist die Tür zu dem Ort, der weiß, dass Liebe stärker ist?"

Verzweifelt versuchte sie, diesen einen Satz immer aufs Neue zu verstehen. Sie verstand ihn, und verstand ihn nicht. Etwas in ihr war zerbrochen und konnte den

Satz nicht auffangen, nicht zuordnen, etwas anderes jedoch wachte auf, rieb sich an dem Rätsel dieser Worte, hielt ihn zwischen den Händen und bewegte ihn immer aufs Neue:

„Ich bin die Tür zu dem Ort, der weiß, dass Liebe stärker ist."

Und nach einigen Tagen würde die alte Weise fortfahren:

„Ich habe deine Frage gehört und ich antworte dir in dem Licht des kommenden Morgens: Deine Kraft wurzelt darin, dass du weder Schmerz und Freude verdrängst noch willkommen heißt, sondern in Gleichmut erträgst und erduldest, und dass du darum weißt, welche Kraft dir zusteht, dies zu wissen.

Die Frauen aller Traditionen und Generationen sind mit dir, in diesem Wissen.

Ich danke dir für deinen Mut im Namen aller Frauen. Trete diese Reise unter meinem Segen an. Ich werde dich an die Grenzen führen und in neue Länder. Ich werde dich nicht schonen. Du hast mich gerufen und ich habe dir meine Wölfe zugesandt, damit sie mit dir gehen. Nun beginne und sei frohen Mutes."

KAPITEL 3: BEI DEN AHNEN

„No, it is not a fear of making a commitment. It is a fear of facing death. If a man wants to love a woman, he has to be willing to die. He must be willing to go through the life/death/life cycle. I think it's a misnomer to despair over the lack of commitment on the part of men, because there are plenty of women who will not commit their true self to a relationship. They make a commitment of the false self to the relationship. Some men are not to ready to pursue that and wonder why things don't feel quite right."

- Clarissa Pinkola Estes

Der erste Abschnitt der Reise führte auf die Spuren ihren Ahninnen: in das Viergesicht des Gottes Swantewit und dem weißen Licht des slawischen Nordens. Die Türen zu diesem Land waren ihr bisher verschlossen gewesen: getrennt, abgespalten, eine Generation von Frauen auseinandergerissen in zwei Weltkriegen. Ein Teil ihrer Familie blieb im Osten und wendete sich den Wurzeln in Russland zu, der andere Teil flüchtete in den Westen und passte sich dem Fortschritt an. In ihren Träumen brannte in ihr eine Flamme für diesen Osten und rief sie mit dem Geruch von Kiefernwäldern. Sie sah die weißen Birken am endlosen weiten Sandstrand, sie fühlte die Klarheit der Gewässer und die Undurchdringlichkeit der Wälder. Und immer wieder war es die Birke, welche sie rief. Die Birken, die ihr im Traum wie ein Hüter zweier unterschiedlicher Welten den Weg aufweisen wollte zu einem Geheimnis, wie ein Künder paralleler Welten, in denen sie sich zunehmend befand, und eine aufrechte Kraft die sie zu ermuntern schien, sich nicht darüber zu erschrecken. Zuweilen schien ihre Innenwelt ein derart komplexes Eigenleben zu führen, dass sie ratlos war und doch auch zunehmend neugieriger wurde, wohin diese Reise führen sollte, denn es wurde immer offensichtlicher, dass eine Kraft sie in eine bestimmte Richtung stieß und zog, von der sie sich kein Bild machen konnte, so sehr sie es auch versuchte.

Das sorgsame Studium ihrer Träume wurde dabei unentbehrlicher Wegbegleiter, eine Navigation der sie sich mitunter bedingungslos anvertraute.

Sie sah die schnurgerade Bahnlinie, die durch die Steppe immer weiter gen Osten führte und sie ließ sich mitziehen, erlaubte den Bildern tiefer und immer eindringlicher, in ihren Visionen Raum einzunehmen und den Kurs ihrer Reise zu bestimmen. Dort, als sie angekommen war an den weiten Ufern der Bernsteinküste in der bissigen Kälte des Windes, verbrachte sie viele Tage in Stille und Einsamkeit in dem Haus ihrer Vorfahrinnen, welches nun leer stand. Sie wog sich im Schoß ihrer Ahninnen und lauschte ihnen in der Nacht, wenn sie sich Geschichten erzählten unten am Feuer, denn es war beißend kalt unter dem Strohdach und der Wind pfiff durch die Ritzen des roten Gemäuers.

Wegbereiterinnen waren es gewesen, Heilkundige, Geschichtenerzählerinnen, Lebenskünstlerinnen und Gelehrte, die sich weit hinauswagten in Gebiete, die in der Tradition Männern vorbehalten waren. Sie hatten gelernt, allein zu sein und sich gegenseitig beizustehen, in Zeiten von Verlust und Schmerz. Großfamilien, einem sich wiederholenden Muster gleich, häufig ohne ein männliches Oberhaupt, die sich gegenseitig Wärme und Mut vermittelten, auch wenn es nichts mehr gab, woran man zu glauben hoffte. Wie viel Humor und Erfindungswitz hatten diese Frauen, und welche Schönheit in ihren langen olivfarbenen Gliedmaßen, der dunklen Haut der slawischen Göttinnen, ihren bernsteinfarbenen Augen und dem dichten dunklen Haar! Wie stolz trugen sie ihren Kopf und Körper und bedienten sich ihrer Intelligenz ohne Scheu vor Verlusten!

Sie schlief viele Nächte in dem Bett ihrer Urgroßmutter und fühlte sie nah, wie eine warme Kraft, die in ihren Körper strömte und sie nährte, als wäre sie ein Kind.

Ihre Träume wurden deutlicher und klar, und so rief sie eines Morgens eine Vision der Nacht dazu auf, aufzubrechen und noch tiefer in den Osten, in die unergründlichen Wälder einzudringen, dort wo der Kieferndlduft und die weißen Birken standen und weiches Moos von Blaubeeren und Pilzen durchzogen war.

Mit drei Männern an ihrer Seite machte sie sich auf den langen Weg in die sibirische Steppe. Nach vielen Tagen und Nächten hielt der einsame Zug in einer Lichtung. Die Schienen liefen nicht weiter und es gab keine Haltestelle; auch kein Zugführer war in Sicht. Sie fühlte sich bereit.

Wie waren sie hier hergekommen? Hatte sie jemand auf dieser Reise geführt oder war es jener gewesen, der sie in ihrer Vision zu rufen begann, seit Beginn ihres Exils? Sie traten aus dem alten Zug und sie erkannte den Geruch. Das Moos unter ihren Füssen war weich und feucht und sie wusste, die Blaubeeren und Bären waren nah. In ihrem Rücken fühlte sie die Großmütter, die sie geschickt hatten, und erst jetzt bemerkte sie, wie biegsam und elastisch ihr Körper geworden war in den vielen Stunden, die sie beim Wandern verbracht hatte.

Ruhe floss durch ihre Zellen und Muskeln wie die tiefe schwarze finnische See, an der sie so viele Tage gesessen hatte.

Vor ihr auf der stillen Birken-Lichtung im Wald stand er, den sie seit Urzeiten kannte. Er war es gewesen, der sie in ihren Träumen gerufen hatte.

Sie wusste, er war jener, der ihr die Medizin für ihre ungestüme Seele reichen würde, und zugleich würde auch sie ihm Heilung bringen. So war das Gesetz. Keine Gaben wurden ohne Ausgleich ausgetauscht. Uralt und zeitlos jung, ein Greis mit weißem Haar, der ihr so vertraut war wie das Leben selbst. Nur mit Mühe widerstand sie dem Verlangen, sich vor ihm bis auf den Boden zu verneigen und seine Füße zu berühren. Sie atmete tief in ihr Herz und fühlte die Kraft ihres Rückgrats sich ausdehnen durch die Poren ihrer Haut. Der Wald war eingetaucht in strahlendes Licht, und die milden Strahlen der Sonne, die durch die Kiefern brach, schienen weich und dumpf dagegen. Sie bewegte ihre Hand und fühlte wie ihre Finger sich ausdehnten um die wirbelnden und pulsierenden Formationen von Licht, die Materie bildeten, zu berühren. Sie sah die Bäume, die nahen Tiere und den weichen Boden in einem Flimmern, welches sich beweglich zusammenfügte und wieder auflöste, so wie es die Schöpfungskraft selbst als formgebende Struktur gerade wollte. Sie hatte sich lange auf diesen Tag vorbereitet. Ihr Schoß öffnete sich in den weichen Boden hinein und zog die schlafende Kraft aus dem Innersten der Erde in ihren Körper.

Bevor sie ihre Begleiter warnen konnte, hatten sie sich dem Alten genähert und in seine Augen geblickt, die jetzt wie elektrischer Strom glühten. Leblos schlafend fielen sie zu Boden. Um den Alten herum wirbelten jetzt blaue Formationen von Energie, als wäre er in Blitze gehüllt.

Sie fühlte jede Faser ihres Körpers. Sie atmete tief in die Energie, die in ihrem Blut zirkulierte. Wie lange schon hatte sie diesen elektrischen Strom in ihrem Körper gefühlt. Sie wusste, dass es nicht in seiner Absicht lag, sie oder die Begleiter zu töten. Und doch lag es im Gesetz der Dinge, dass keine Frau zuvor sein Terrain betreten hatte, wie auch, dass es seit Urbeginn der Zeit gesagt wurde, dass eine Frau dieses Gesetz würde brechen müssen, damit das geschehen konnte, wozu sie sich auf ihre Reise begeben hatte.

Auch er war vorbereitet auf ihre Ankunft.

Es ging schnell. Aufrecht näherte sie sich der Lichtung. Sie wusste, dass sie in dem Augenblick sterben würde, in dem sie sich vor ihm und dem pulsierenden blauen Licht beugte, das seinen Körper umhüllte. Wie oft hatte sie seine Stimme im Schlaf gehört, die ihr immer wieder sagte: „Verbeuge dich niemals vor mir.“ Sie wusste, ohne dass sie es hätte erklären können, dass diese Kraft ihr eigenster Ursprung war, eine Materie, derer sie Herrin war seit Anbeginn der Zeit und welche sie nun zu sich zurückholte. Dort wo Shakti, die elektrische Vibration von Schöpfungsmaterie, wieder eins wurde mit dem Bewusstsein der weiblichen Hüterin vom Leben, würde ihre Magie zurückfließen und Kraft ihrer Gedanken Welten erschaffen: Manifestationen des reinen Herzens, welches sich selbst erst hatte töten müssen, bevor es dieser Kraft gewachsen war.

„Töte dein Herz, du Selbst!", hatte er oft im Traum zu ihr gesagt. „Du musst die Wirrnis deiner Emotionen durchdringen und mit der Klarheit der Gedanken erheben. Spring in den kühlen Geist des Universums und finde dich dort selbst wieder."

Als sie vor ihm stand, blickten sie sich in die Augen. Seine Energie, jetzt spürbar einer elektrischen Starkstromleitung gleich, dehnte sich durch seine Augen in sie aus und für einen Moment waren sie verschmolzen als eines, aneinander gebunden und verbrannt, verflucht vielleicht oder gesegnet, eine Sekunde vielleicht – oder war es Ewigkeit? –, und dann war es vorbei. Durch ihren Körper war seine Kraft tief in die Erde gedrungen, und sie fühlte die Vereinigung zweier Prinzipien, die auf wundersame Weise einst zueinander gehörten und sich verloren hatten. Sie drehte sich um und wusste, sie würde niemals, niemals zurückkommen. Ihr Anteil war vollbracht, und was die Götter mit ihren Kräften nun erschaffen würden, war für kein Menschenauge bestimmt. Sie selbst hatte eine andere Aufgabe. Ihr Körper zitterte und ihr Herz drohte zu zerbersten. So viel Kraft. So viel Liebe, die durch ihr Zentrum hindurch pulsierte.

Jeder Schritt war ein neuer Schritt von Leben, das sich von nun an selbst erschaffen würde.

Sie lief und rannte und wusste nicht wohin, nur wusste sie, wie schnell sie aus seinem Territorium gehen musste, um nicht zu sterben. Schon näherten sich die Bären, die Wächter der kosmischen Quelle allen Ursprungs, und noch schneller lief sie, schneller, atemlos, bis der alte Zug keuchend wie sie selbst neben ihr auftauchte und sein Tempo verlangsamte, damit sie aufspringen konnte. Müde ließ sie sich in die roten verstaubten Polster fallen und atmete schwer. Ihr Körper war jetzt ergriffen von einem Zittern, das sich in Wellen über ihre Haut ausbreitete und so ihr Herz zum Rasen brachte. Sie schaute aus dem Fenster und sah, wie der Zug die Wälder verließ und sich die Weite der endlosen Steppe vor ihr ausbreitete. Entsetzen packte sie. War sie alleine in diesem Zug, der raste und ratterte, der nicht aufzuhalten war und offensichtlich keinen Führer hatte?

Wo fuhr er hin? Fast hätte sie die alte Frau übersehen, die in der hinteren Ecke des Waggons saß und mit dem Korb auf ihrem Schoß spielte. Ihre verschrumpelten winzigen Hände hielten ein Strickzeug, und der zahnlose Mund schien belustigt. Ihre Augen waren gesenkt, doch sie konnte fühlen, wie die Alte sie genau beobachtete. Verzweifelt suchte sie nach einem Notgriff, um den Zug zu stoppen, einen Ausgang, während die alte Frau kicherte und mit der Hand auf eine kleine Lücke wies. Dort sollte es sein? Wie war sie denn überhaupt in diesen Zug hineingekommen? Wo waren die Türen in diesem Zug? Und der Zug fuhr immer weiter, schneller schien es, beschleunigte an Tempo, wie um ihr unmissverständlich aufzuzeigen, dass sie gefangen war in diesem Zug von Zeit und Raum, der in eine vorgegebene Richtung drängte.

Sie fühlte, mehr noch als vorhin im Wald, jede angespannte Faser ihres Körpers, und noch dringlicher war ihr bewusst, dass es um ihr Leben ging. Sie musste aussteigen und den Zug irgendwie zum Anhalten bringen.

Sie erinnerte sich an die Visionen, die sie seit Kindheit heimsuchten: Sie befand sich in einem Flugzeug. Kein Pilot war aufzufinden. Der drohende Absturz machte eine Notlandung nötig. Mit jedem Traum trainierte sie die Notlandung etwas mehr ... zunächst erlebte sie die Abstürze, den freien Fall, den Aufprall, die Explosion von Feuer und den Tod. Erst fühlte sie eine schimmernde vibrierende Masse, die sich ausdehnte und dann wieder in die alte Form ihres gewohnten Körpers zurückdrängte. Wie oft hatte sie sich so sterben und nicht sterben sehen.

Nachdem diese Visionen und eine Vertrautheit über den Ablauf dazu führten, dass sie sich nicht mehr vor dem Tod fürchtete, sich sogar freute über das angenehme Gefühl der Auflösung von Materie und dem danach so fluktuierenden, räumlich ausgedehnten Zustand des Weiterbestehens, übte sie in einer nächsten Reihe von Visionen die sorgfältige und exakte Landung des Flugzeuges oder ihres Körpers durch ihr Bewusstsein. Als ihr das erste Mal in einem Traum die Landung eines Jumbojets in der Gigantenstadt Sydney sicher gelang, fühlte sie einen Durchbruch. Der fehlende Pilot im räumlichen Transportmittel hatte einem umfassenden dreidimensionalen Bewusstsein Raum gemacht, der nun ihre Traum-Geschehnisse lenken konnte.

Daran erinnerte sie sich. Und dann fühlte sie die neue Kraft, welche in der Vereinigung mit dem männlichen Hüter der Quelle im Wald gerade eben vollzogen worden war. Sie war kein Opfer von Umständen mehr. In ihr pulsierte Handlungswillen.

‚Es ist eine Illusion!', dachte sie sich. ‚Dieser Zug ist eine Illusion, und du selbst bist die Illusion, die den Zug erzeugt. Lass dich nicht täuschen! Das einzige Reale hier ist die Alte, welche umständlich aus ihrem Korb einen roten Apfel holt, mit ihrem Rockzipfel blank wischt und mit ihrem zahnlosen Mund lachend hineinbeißt, als wäre sie verrückt. Sie lacht mich aus. Sie lacht mich aus, wie sie ohne Zähne in den festen Apfel beißt und der Saft über ihr Kinn tropft. Und sie sagt: Spring, Kind. Spring. Es ist dein Leben. Du bist der Zug.'

Und so sprang sie aus dem Zug, der auf mysteriöse Weise genau so langsam wurde, dass sie sich sanft in das weiche Gras der Steppe fallen lassen konnte. Während sie sich rekelte, verschwanden der Zug und die Landschaft wie ein Gebilde aus Wolken, und sie fand sich wieder, wie sie unter einem Haselbusch lag, sorgsam zugedeckt mit einer Decke.

Sie war so müde. Ihre Knochen, ihre Seele, alles war so müde, dass es ihr schien, als würde sie über Wochen und Monate schlafen müssen, um zu verstehen, was sie gerade erfahren hatte, ohne Schaden zu nehmen an Körper und Geist. Sie kroch in die warme Erdkuhle und schlief. Schlief. Und schlief.

Kapitel 4: Das Schwert der Unterscheidung

„Ihr sollt nicht meinen, daß ich gekommen bin, Frieden zu bringen auf die Erde. Ich bin nicht gekommen, Frieden zu bringen, sondern das Schwert."

- Jesus Christus

In diesem Schlaf fiel über viele Wochen nach und nach alles von ihr ab, was sie geschützt und gehalten hatte. Sie wurde hautlos dem Leben in einer Art und Weise ausgeliefert, dass jegliche Schutzfunktion an der Offenheit ihrer eigenen Seele zerbrach.

Als sie erwachte, fühlte sie die wohlige pulsierende Kraft in der Innenseite ihrer Haut, die sie nie wieder verlassen würde, und gleichzeitig beobachtete sie bei vollem Bewusstsein die Zersetzung jeglicher Systeme, die in ihrer Psyche Halt und Form gebildet hatten.

Als Erstes kam die Angst. Die Strukturen, welche sie vor der Angst geschützt hatten und in dem psychologischen Labyrinth in Erklärungen, Verdrängung, Einteilen in Gut und Böse, zuträglich und schädigend sortiert hatten, schmolzen vor ihren Augen dahin. Angst ihre Kinder zu verlieren oder sie zu fest zu halten. Angst eine Partnerschaft zu leben und sich dadurch einzuengen, und Angst vor dem Alleinsein. Angst vor Hingabe und Angst vor Abhängigkeit in der Hingabe. Angst vor eigenen Gedanken, die so frei und herausragend aus einem fremden Ort in ihr Gehirn strömten, dass sie sich selbst vor deren Wucht und Intelligenz zu fürchten begann.

Angst vor dem Leben und Angst vor dem Tod. Angst vor der nackten Offenbarung aller Dinge und ihrer Nicht-Einmischung.

Keine Interpretation, die abmildernd oder sanft aufgefangen hätte, was als nacktes Gerüst des blanken Menschseins nun vor ihr lag. Keine Unterscheidung, keine Definition ihres Selbst, welches filtern oder übersetzen würde. Was blieb, war das menschliche Sein, die Natur der menschlichen Beschaffenheit, wie sie im Innersten ihres Wesens ihren Ausdruck fand, ohne sich um sie oder einen anderen zu kümmern. Die Existenz der Anderen hatte aufgehört und alles war nun Sein – ewiges, verworrenes, durcheinander gebrachtes Sein ohne Sinn und Grund.

Im Spiegel sah sie ein Wesen mit schwarzen Löchern, mit Pupillen des Wahnsinns und weißer Haut. In den Nächten konnte sie abermals nicht schlafen und ruhte in einer Woge von Ewigkeit, die nicht zu enden schien. Gab es kein Ende dieser Existenz? Sie begann sich vor dem All-Einssein der eigenen Verwirklichung im ausgedehnten Raum zu fürchten, wo die Konturen formlos geworden waren und die Zeit in ihrem Anspruch kein Recht mehr einzufordern wagte. Minuten wurden zu Stunden und Tage zu Sekunden, orientierungslos oft auch über die Monate und Gezeiten des Jahres, die an und in ihr vorbeizogen, ohne dass sie darin den alt bekannten Reibungspunkt von Entzücken oder Aufruhr fand.

Wo war die Liebe geblieben? Sie hatte sich ausgebreitet wie flüssiges Gold und in ihren Organen und unter der Haut ein Gewebe gesponnen: eine Seelenhaut, die fein vibrierend und mitunter nicht ohne beachtlichen Schmerz pulsierte. Als wäre die Elektrizität des Alten Weisen in der russischen Tundra in ihre Venen und Arterien geflossen und brannte dort weiter, verwandelte ihr Blut, welches heiß in ihr Herz floss und brannte. Das Herz verbrannte. Sie wurde zu einem Organ, gleich eines entflammten Herzens. Sie hatte keine Namen mehr. Sie brannte, und manchmal brannte sie so sehr, dass sie nichts mehr von dem sehen oder fühlen wollte, was namenlos neben ihr und unsichtbar ihre Hand hielt und ihr Trost spenden wollte. In was für einem Land hatte sie sich niedergelassen? Die Seele schwieg. Alle Bilder, die sie ein Leben gespeist und angefeuert hatten in selbstverständlicher Kraft lösten sich auf. Die Leinwand vor ihr wurde weiß und leer.

Und in der stillen weißen Leere lösten sich Fäden um Fäden zu den Menschen, mit denen sie sich verwoben und verstrickt hatte. Ein jeder kam, gleich eines ungebetenen Besuchers, nochmals in diesen Raum und zeigte ihr alles, was Stoff ihrer Bindung war. Materie, die sich gebildet hatte aus menschlichen Bestrebungen, sich zugeneigt, ordnend und formend aus dem sich das Gewebe von Sicherheiten geschaffen hatte, welches sie zuvor Leben nannte. Eine Bindung nach der anderen löste sich so auf.

Es war inzwischen kalt, Schneegestöber hüllte das Land in weiße Stille, und wenn sie ihre Hütte verließ, in der sie sich niedergelassen hatte, stapfte sie an einigen Tagen bis zu ihren Waden durch tiefen Schnee. Das

Feuer wärmte ihre Kleidung und ihre Knochen, wenn sie nach langen Spaziergängen wieder nach Hause zurückkehrte.

In dieser Zeit erreichte sie eines Tages Besuch. Eine kleine Gruppe einsamer Wanderer baten um Einlass und gesellte sich zu ihr ans Feuer, gerade so, als wären sie immer schon Teil ihrer Stille und Einkehr gewesen. Viele Stunden verbrachten sie schweigend und erzählten sich nichts von dem, was hinter ihnen lag.

Manchmal sprachen sie. Doch hätte man sagen können, wer sprach? Waren sie nicht mehr Lauschende, sich dem Feuer anvertrauende Wesen, in diesem kleinen Kreis von Schicksalsverbündeten, derer Zusammenkunft sich das große Unbekannte zeitweilig bediente, um durch sie hindurch zu sprechen.

Kreisende Worte, gebärend, tastend und dann wieder Stille. Leise, zärtlich fast, dem nachhörend, was gesprochen wurde, und die eigenen Worte so merkwürdig fremd im Ohr, als wäre man sich selbst ein Fremder. Und die Überraschung auch, wenn der Andere sprach und man sich darin selbst mehr wieder erkennt, als hätte man selbst gesprochen. Wundersame Gespräche waren dies. Geborgen in dem wärmenden Kreis konnte sie beobachten, wie sich das Herz, jene vibrierende Stimmgabel, die einem Katalysator gleich ihr Leben bestimmt hatte und in pulsierenden Wellen jene berührte, die mit ihr gingen, wie dieses Herz ruhig und still wurde wie das Land draußen, bar allen treibenden und sprossenden Lebens. Die dicke Schneeschicht legte sich darum und brachte seinem ungestümen Drängen Ruhe und Genesung. Die Stacheln des Schmerzes waren im Feuer verbrannt und der Ort der Wunde gab

Raum frei für eine gänzlich unbekannte zarte Empfindung von Sanftheit und Frieden.

Und so kam es, dass eines Tages einer der Wanderer von seinem Tagesmarsch im Schnee zurückkehrte. Als sie sich an das Feuer setzten und in der gewohnten Weise in Stille einander zuwandten, sagte er: „Ich habe das Große Herz gesehen, da draußen." Sie erschrak, und er blickte ihr fest und unmittelbar in die Augen. Das Große Herz – wie oft hatte er, jener, der sie auf diese Reise geschickt hatte, es so genannt. Das Große Herz – der Große Geist: Einweihungspforten die sie an die alte Welt erinnerten, in der sie gewirkt hatte. Der Wanderer schaute sie weiterhin durchdringend an und sagte: „Ich habe draußen beim Berg gesehen, wie das Große Herz den Dienst verrichtet. Ich wurde von dem Herz gerufen und es zog mich in seinen Schlund. Und ich wurde das Große Herz und habe es jetzt hier mit zu uns ans Feuer gebracht".

Sie begann zu weinen. Tränen der Erleichterung flossen über ihr Gesicht. Sie zitterte und fand keine Worte dafür, was sie so sehr berührte in dem, was ihr der Wanderer erzählte. Er blickte sie weiter an und fuhr fort: „Ich bin gekommen, um dir zu danken. Du hast dieses Herz ins Leben gerufen, du hast ihm die Treue gehalten und du hast es verkörpert für die Vielen. Dein Dasein hat es erweckt in manchen Anderen, und so ist Liebe wach geworden. Ich bin gekommen, um dir heute zu sagen, dass deine Aufgabe erfüllt ist. Du hast deine Prüfung bestanden. Ich trage ab heute, als einer der kommenden Vielen, dieses große Herz in die Welt und durch mich und andere wird es in Wellen all jene berühren, die bereit sind, das kleine Herz dem Großen Herz der Urmutter zu opfern."

Sie konnte nicht glauben, was sie da hörte. Einer war gekommen, der den Mut hatte, dies zu tun? Und er, dieser Mann, der ihr erschien als ein Fremder fast und doch so eigentümlich vertraut. Sie fühlte, wie dieses große Herz jetzt auch durch ihn pulsierte, und gleichsam wurde ihr bewusst, dass es in ihr nicht mehr ausschließlich war. Es hatte den Drang des einsamen Opfers und so auch seine einzigartige Gabe in ihr verloren. Sie war befreit von der überwältigenden Erfahrung des Alleinseins im Großen Herz und staunte andächtig über das Gegenüber, welches ihr so entgegentrat. Wie lange hatte sie auf diesen Einen gewartet, den Ersten, der es fühlen konnte und auf sich nehmen wollte? Sie war so dankbar und verneigte sich tief.

„Du schenkst mir etwas mehr Leben dadurch", sagte sie mit brüchiger Stimme.

Die anderen Wanderer räusperten sich und rückten näher. „Ich fühle es auch", sagte der Eine. „Ich auch", sagte der Andere. „Als ich heute Morgen den Berg sah beim Sonnenaufgang, da war Er mir nicht mehr ein Anderes. Ich blickte ihn an und ich war in ihm."

Eine Weile waren sie still und gingen ihren Gedanken nach.

Dann stand der Wanderer des Großen Herzens auf und ging auf sie zu. Er neigte sich zu ihr, und sie verbeugte sich leicht und er legte seine Hand auf sein pochendes Herz. Mit der anderen Hand zeigte er nach draußen auf den Berg. „Du wirst fortan das Schwert der Unterscheidung sein." Er legte die eine Hand auf ihre Schulter, und sie fühlte die nüchterne, klare und kühle Kraft, die durch sie floss. „Durch dein Sein wirst du fordern, dass eine Unterscheidung getroffen wird."

Die kleine Gruppe verstand, was er meinte. Sie fühlten dieses Schwert und wussten, wie oft sie in ihren stillen Stunden am Feuer mit der Entscheidung in sich gehadert hatten: Gebe ich mir selbst recht oder diene ich dem, was durch uns gemeinsam, durch Stille zwischen uns webend sich offenbaren will.

Werde ich mich selbst suchen – oder jenes, was über mein Selbst hinausgeht. Jeder hatte seine Heimat verlassen. Jeder von ihnen hatte gewusst, wie hoch der Preis war, alles hinzugeben, damit das sein konnte, wonach sie alle suchten.

Sie senkte ihr Haupt und sagte: „Ich nehme es an." Während sie sprach, fühlte sie die Kraft der Unterscheidung, die in ihr hervorsprudelte, und während sie jedem der Einkehrer ruhig in die Augen blickte, spürte sie, wie viel Mut es jeden Einzelnen kostete, die Augen nicht vor der Unbestechlichkeit ihres Blickes zu senken. Lange saßen sie in dieser Nacht noch zusammen und hielten die Stille zwischen ihnen als kostbaren Schatz, von dem sie wussten, er würde seinen Glanz und seine Schönheit erst viele Jahre später offenbaren.

So zogen die Wanderer am nächsten Morgen weiter. Ihre gemeinsame Aufgabe war erfüllt.

Sie aber verweilte noch einige Tage im wohligen Gefühl von Menschenwärme, die sie so sanft und behutsam umhüllt hatte. Sie wusste, den nächsten Teil der Reise musste sie ganz allein gehen.

Kapitel 5: Unterwegs mit den Wölfen

„As you wander through this world, you might become aware of the most alive sadness filling your heart. This is not the sadness of the mind, where something is felt to be missing, but is a reflection of how precious it is to have taken birth in a world where love is alive.

You find yourself more and more willing to touch and hold your rawness, your sensitivities, and your tenderness, weaving a sanctuary for even the unwanted within you, as you recognize these movements as none other than radical expressions of sweet and fierce grace. You are moved to an outpouring of tears at a simple exchange with a stranger, the miracle of a little blue snowflake, or a wave of joy that arrives unexpectedly; you may even be taken to the ground in awe as you behold the sun coming up so that it may warm hearts everywhere, without bias. Even confusion, loss, and unbearable vulnerability are revealing themselves to be heart-companions on the path, opening you more and more to the beloved and her wild activity in this dimension.

You're not quite sure what is coming next, but you notice that your life is orienting around a mysterious vow which you took long, long ago: to give your heart to this world and to others, knowing that it may break, over and over and over into eternity.

But, friend, not all is lost – this is no reason to despair – for it is through these cracks in your heart that love can find safe passage into this reality and set it on fire.

Though the activity of the beloved is infinitely tender and is holding you close at all times, in its essence it is everything.

It is devastating as it is the end of one world, and glorious as it is the beginning of another."

- Matt Litaca

Während sie die Feuerstelle reinigte und die kleine Hütte liebevoll fegte, dankte sie für den Schutz in einer hautlosen Zeit. Was sie mit sich nahm, war so wenig, dass sie es als kleines Bündel zusammenrollen konnte. Nahrung würde sie unterwegs finden, denn der Winter hatte einem zarten Frühlingsgrün Platz gemacht und die Natur bot reichlich Schätze. Das zarte Blattgrün schmeckte vorzüglich und ihre Zellen schienen mit kräftigen Lichtexplosionen zu danken. Noch nie war ihr so viel Kraft und Vitalität gegeben worden. Der Körper war gleichermaßen federleicht und muskulös. Das Laufen fiel ihr leicht und der Atem durchströmte ihren Körper wie perlendes Licht.

Vereinzelt lagen noch weiße Schneezungen auf dem Weg, obwohl die große Schmelze schon vor einer Woche begonnen hatte. Die Bäche sprudelten an Überfülle von Wasser, welches das kleine Tal hinab strömte, durch das sie nun wanderte.

Sie lief barfuß und tastete mit jedem Schritt den Boden, der unter der obersten Schicht noch kalt war, und sog das warme Sonnenlicht in jede Pore ihres Körpers, der die lichte Kraft in sich einströmen ließ. Während sie ohne Ziel vor Augen weiterging, spürte sie die Veränderungen in ihren Augen. Der lange Winter hatte den linearen Blick weicher gemacht und sie nahm ihre Umgebung in verschiedenen Facetten gleichzeitig war, ohne auf etwas Bestimmtes direkt hinzublicken. Wenn sie schaute, war es ein peripherer Blick, der ihr den Raum nach allen Seiten und Ebenen zugleich öffnete. So war es auch, dass die Tiere der Steppe näher kamen als gewohnt und ohne sie direkt zu sehen, fühlte sie ihre Gegenwart oft schon lange bevor ihre Augen sie erfassen konnten.

Sie beobachtete beim Wandern ihre Gedanken und wurde gewahr, wie jede neue Denkrichtung zu der sie sich hinbewegte, sich sofort auflöste, bevor sie eine definierte Form bekommen würde. Da war eine eigentümliche Gleichzeitigkeit von Betrachtungsebenen, in denen jede Perspektive ihre eigene Gültigkeit hatte. ‚Wie wäre da noch Wahrheit zu definieren?', fragte sie sich. ‚Ich beginne einer Möglichkeit nachzugehen und mich damit zu identifizieren und schon ...', sie sprang entschlossen über einen kleinen Bachlauf vor ihren Füßen, ‚... entsteht da wieder eine neue Weggabelung, eine neue Möglichkeit im Gedankenfluss, wenn ich ihn nur nicht festhalte', bemerkte sie. ‚Warum bezwingen Menschen ihre eigene Gedankenkraft?', fragte sie sich, als sie weiter lief. War es die Furcht vor dem Unbekannten, welches kontrollierend in die Ideen hineingriff, statt sich innerlich so leer zu machen, dass der

Genius selbst, die höchste Inspiration, in sie hinein fluten könnte? Hatte sie Angst vor der Ekstase, der sie womöglich dabei begegnen würde, die sie durch ihre Wucht mitreißen könnte, wenn eine Intelligenz höher als ihre Vernunft aus unbekannten Höhen in ihr Wesen eindringen, mit ihr verschmelzen, sie antreiben und gleichsam mit liebender Hand vernichten würde? War es Furcht, die sie hinderte, die Gleichzeitigkeit aller Phänomene zuzulassen, ohne hindernd in sie einzugreifen? Die Vielheit der Möglichkeiten und die Unbedingtheit der Form im Ausmaß an Gestaltungsfreiheit raubte ihr den Atem und ließen sie immer wieder schwindlig werden. Nur der zarte Kontakt ihrer Fußsohlen mit der Beschaffenheit des Bodens gab ihr den nötigen Halt, diese neue im Umkreis sich zentrierende Ich-Wahrnehmung nicht als Bedrohung zu erleben.

Trotzdem, oder gerade deshalb, war sie wach und fühlte sich klarer als je zuvor. Für einige Tage blieb sie dem Auftauchen und Verebben von Gedankenspiralen treu und beobachtete ihr Spiel. ‚Meine Gedanken versuchen, den Verlauf der Zeit zu formen', bemerkte sie, als sie an einem Ufer nahe des Flusses rastete. Zwei Schwäne glitten im kühlen Wasser den Strom hinunter, Nebelfetzen wurden von der Morgensonne liebevoll aufgelöst. Der Tag hatte einen ungewöhnlichen Frieden in sich und die Natur perlte in lichten Sonnenfunken und Wassertropfen, die miteinander um die Wette tanzten.

‚Meine Gedanken versuchen, den Verlauf der Zeit zu kontrollieren.'

Wo war dieser Gedanke selbst hergekommen? Sie hörte zu und doch war da niemand, der zu ihr sprach.

Genauso weit und unbewohnt wie das Land, durch welches sie wanderte, war das Gewahrsein nur ein Bezeugen von Inhalten und Formen, gleich des Vogels, der in seinem freien Flug an ihr vorüberzog.

Er war da.

Dann war der Himmel wieder still und leer. Eine Wolke zeigte sich. Und wieder unendliches Himmelblau. Ein Berg in der Ferne und doch war sie selbst der Berg und fühlte ihn als ausgedehnten eigenen Körper. Das Laufen bereitete ihr keinerlei Mühe und mit großer Leichtigkeit ließ sie sich von Wind und Sonne begleiten. Die Sprachlosigkeit in der langen Zeit der Stille führte sie in ein neues Terrain, das ihren eigenen Gedankenspielen neugierig und wach gegenüberstand.

„Worte halten fest.“

Sie begriff: Worte manipulieren im Eingreifen auf die Realitätsbeschaffenheit des Anderen oder des noch Ungeformten. Das Bedürfnis nach Sicherheit in der Vereinnahmung von Raum und Zeit, durch formende Ich-Du-Es-Gedanken. Sie spürte zugleich die Schöpfungsfreude an Wortspielen, die das Andere ins Leben riefen.

„Du Vogel“, rief sie dann und beobachtete ihre Begrüßung, die wie ein Pfeil des Bogenschützen in unsichtbarem Flirren zu dem Vogel hoch oben in der Luft schnellte und sie beide kurz miteinander verband. Sie lernte zu beobachten, wie die Schallwellen ihrer Stimme Resonanzfelder im Tierkörper und der sie umgebenden Natur bewirkten. Mit ihrem Kehlkopf begann sie mit Lauten zu experimentieren, welche in den vorbei huschenden Wesen immer deutlicher eine

Verbindung sichtbar werden ließen. Sie spürte die leichte Kontraktion der Eidechse, wenn sie mit zischendem Laut ihren Schlaf in der heißen Sonne begrüßte, und sie fühlte die rezeptive wohlige Bewegung der Eule, wenn ihr gurrendes Tönen ihren weichen Federkörper durchdrang. Manchmal waren sie beide wie verschmolzen und begrüßten sich in eigenartigen Geräuschen, von denen sie bisher nicht wusste, dass sie existierten.

‚Worte halten fest und schöpfen. Wortklang schafft Verbindung.

Worte sind Manifestation von etwas Unsichtbarem, von unzähligen Möglichkeiten.

Ich bin ein Ausdruck unzähliger Variablen.'

Während sie weiter wanderte, ließ sie diese neu gefundene Perspektive lange in sich wirken.

Sie beobachtete, wie sich ihre Eigenwahrnehmung ausdehnte, jeder Schritt nach vorne ein gleichzeitiges geführt oder geschoben sein konnte, so als führte sie etwas und zeigte ihr den Weg. Als wäre sie gehalten und geborgen, vom Windhauch, der ihr das Haar streichelte oder von der warmen Sonne, die ihren Nacken berührte. Wurde sie bewegt oder bewegte sie sich selbst? Ihr Körperempfinden dehnte sich aus und wurde manchmal so weit wie die blaue Bergkette in der Ferne, wie die Sterne, die nachts über ihr leuchteten und weiter, immer weiter über das ihr Sichtbare hinaus. Wie entschied sie jeweils, wohin sie als nächstes laufen würde, wer traf die Entscheidung dazu, fragte sie sich und beobachtete behutsam ihre Schritte. Wie merkwürdig, dass sie noch nie zuvor darüber nachgedacht hatte. Sie begann, die nahen Wölfe in ihrer Eigenart zu beobachten, wie sie sich in ihrem Rudel formatierten, zusammenfanden und dann wieder auseinander trieben. Welchen Gesetzen, anders als ihrem reinen Überlebenstrieb, folgten sie? Sie roch förmlich dasjenige, was man in Menschensprache Instinkt nennen würde. Etwas bewegte das Feld der Wölfe, was weit über eine Wahrung von Sicherheit hinausging, eine anmutige Verschmelzung, in der sie sich elegant bewegten. Wie viel ruhendes Sein, Schlaf und Langsamkeit standen den Wölfen zur Verfügung, bevor sie blitzschnell aktiv wurden.

Während es so in ihrem Inneren immer leerer wurde, fühlte sie zeitgleich Dankbarkeit für die Stille in diesem weiten Raum, der einer lieblichen Berglandschaft gleich unbevölkert und ohne störende Einflüsse war. Sie hatte ihr Rudel verlassen. Sie lief alleine und freute sich an der Gesellschaft der wilden einsamen Weggefährten der Wölfe, welche sie nie verließen und in gebührendem Abstand immer um sie wachten.

Eines Morgens wusch sie ihre tauben Füße mit den Blasen im eiskalten Fluss und schaute in den weiten Himmel, wo ein einzelner Adler seine Kreise zog. Die Luft war kristallklar und flirrte in der weißen Morgensonne. Der Adler warf Schatten auf den grünen Bergkamm und ganz anders als der Falke, der in ihr immer eine leichte Unruhe und Aufregung verursachte, wenn er sich näherte, kehrte unter der mächtigen Präsenz des großen Vogels Ruhe ein in ihr Wesen. Sie war nun sehr hoch auf einem Felsplateau und rastete in Freude über die atemberaubende Aussicht und die Weite der Bergwelt, welche sie umgab. Ein lauter Schrei entwich ihrer

Kehle, und noch einmal und wieder hörte sie ihr Echo. Sie wusste, als der Adler noch ein Mal seine Bahnen über ihr kreiste, dass sie ihre Stimme gefunden hatte. Die ureigenste, innerste Stimme ihres Wesens, welche sie noch nie zuvor in dieser Art gehört hatte. Vorsichtig nur begann sie, den ihr oft noch fremden Strömungen ihrer Seele in leiser Zwiesprache mit den Sternen, mit den sanften Wogen des Grashalms am Wegesrand, mit einem Stein in ihrer Hand Ausdruck zu schenken. Sie lauschte, als wäre es eine Freundin, die durch sie sprach. Die Freundin wiederholte nie etwas. Sie machte sich keinerlei Notizen und ihre Wortwahl war klar und stockend, tastend, als würden sich die Gedanken gleichsam bilden, während sie es sprechend zum Ausdruck brachte, ohne dass es ein Ziel oder eine vorbestimmte Richtung gab. Dennoch waren diese Zwiegespräche von einer Klarheit, die dem frischen Bergwasser, welches sie trank ganz ähnlich waren. Perlend und stark aus der innersten Ruhe des Berges gefiltert in ewigem Urgestein.

„Wie schnell fühlen wir uns doch ausgeschlossen, wenn wir innerhalb einer Gruppe autonom unsere Stimme erheben? Wenn Freiheit dann heißt, alles alleine zu machen, um niemandem ‚untergeordnet' zu sein. Wie schnell fühlen wir uns im Verbund nicht gewürdigt und ziehen uns zurück", dachte sie. „Wie oft habe ich gesprochen, um mir Recht zu verschaffen?"

Die Art der Freiheit, welche sie jetzt begleitete, war anders. Sie hatte nichts Trotziges und keinerlei Rebellion in sich.

Sie war einer Freiheit begegnet, die weder im Rudel noch im Rückzug zu finden war. Es war eine Zwiesprache des Wesens der Dinge, die sie umgaben, mit dem Innern ihrer eigenen Essenz, die nun Lust daran fand, sich an der Essenz der ihr gegenübergestellten Formen zu erproben. Sie lief in einem Zwischenland, welches gleich einer dünnen Schicht ganz nahe zu allem war. Dennoch blieb sie unsichtbar, allein.

Wollten wir uns auf den Weg zu ihr machen, draußen in die Berge, wo wir ahnen, dass sie in der endlosen Weite wandert, dann stolperten wir, im vermeintlichen Glauben, sie gefunden zu haben, verirren uns womöglich und kehren wieder zurück in vertrautes Gelände, manchmal mit blutigen Wunden. Einige hatten sich so auf den Weg gemacht, sie zu suchen.

Wenn sie auftaucht, in Träumen oder Erinnerungen, droht unser Herz voll Sehnsucht zu zerspringen. Schnell schicken wir sie dann zurück in die Verbannung, um niemals die Unbestechlichkeit ihres Blickes auf uns zu fühlen, der wie ein Spiegel unsere eigene tiefste Unschuld und Seelenkraft reflektiert. Wie viel einfacher scheint es da, ihren Namen zu vergessen und sie schuldig zu sprechen dafür, dass sie unser Herz berührte und dann von uns ging.

Wagen wir es aber hin und wieder, in ein uns unbekanntes Terrain hinauszugehen, nähern wir uns der Göttin wieder an. Kaum sind wir ihr näher gekommen und glauben uns dessen sicher, wer sie ist und wie die Dinge sind, entgleitet sie uns blitzschnell wieder. Wenn wir sie suchen, weil wir für uns selbst einen Gewinn erhoffen, löst sie sich vor uns auf, wie ein Spukbild, das sich lachend in goldene Wassertropfen verwandelt, die im Sonnenlicht verdunsten. Und wir hören ihr Lachen bis in unsere Träume.

Wer ist sie … wusste sie es selbst? War sie nicht gleich einem Kind auf der Suche nach ihrer Bestimmung, welche frei jeglicher Kondition nun in alle Richtungen strömte und sich des Lebens freute in purer Unschuld?

Plötzlich, wenn wir sie aufrichtig suchen und die Liebe beständig wird, ohne Schwankungen und das Gefühl, ihr ausgeliefert zu sein, dann finden wir etwas von ihr ganz tief in uns selbst. Jenseits des Verstandes mit seinem Zwang, alles zu verstehen und einzuordnen, im Eingeständnis der uns zugrunde liegenden Ohnmacht, erwacht ein Funken von Liebe, der uns Halt gibt und Trost im wunderbaren Chaos des Lebens. Etwas, das immer da ist, sich nicht verändert, mitten in der Haltlosigkeit, die sie uns beschert. Wir beginnen sie in den kleinen und subtilen Dingen zu erkennen, wenn wir das Leben unmittelbar werden lassen, ohne es durch unsere Interpretation in ihrem Fluss zu behindern. Und wir spüren, wie sie uns zärtlich mit dem Wind unsere Haut streichelt, während sie schon wieder neue Formen wählt, immer neu und verändert, um uns zu überraschen. Sie lächelt uns zu von dort, wo sie einsam wandert, und scheint zu flüstern: „Siehst du nicht? Wenn du nicht an mir festhältst, findest du mich in allem wieder. Dreh dich um. Dreh dich noch mehr, bis es dir schwindelig wird und du alles vergisst, was du geglaubt hast über mich zu wissen.

Du wirst mich dann, wenn du mein Gesicht vergessen hast, durch die Kraft deiner Sehnsucht in allem wiederfinden. Jede Frau wird zu meinem Ebenbild. Jedes Kind ein Ausdruck meiner Unschuld und Freude. Jede Träne mein Gelübde, dem Schmerz der Menschen nicht auszuweichen."

„Du bist zu intensiv!", hatten sie zu ihr gesagt. Diese Intensität war ihr selbst oft Last und Segen. So groß, gewaltsam fast, dass man sich in ihr so ganz allein fühlen kann. Und welche Ruhe fand sie nun darin! Die Göttin schien vernichtend in ihrer Forderung an Hingabe an das Leben, und ihre Gleichzeitigkeit in allen Erscheinungsformen verwirrte den alltäglichen Sinn, der sich nach ordnenden Strukturen sehnte.

Aber, wo sind die Anderen jetzt, würde sie sich manchmal fragen. Sind sie nicht auch das Eine, welches sie nie verlassen hatte? Und wo ist sie, was für ein namenloses Land durchschritt sie nun schon seit Wochen, ohne etwas zu vermissen, das auf die Existenz anderer Menschen hinzuweisen schien?

Sie war auf dem Weg zu einer Liebe, die größer war als alles, was sie bisher kannte. ‚Das, was größer ist, ist größer als mein Ich allein', bemerkte sie, während sie energisch durchatmete und die Weite der Ebene in sich aufsog, die vor ihr lag.

Ihre Reise hatte gerade erst begonnen. Nach einer traumlosen Nacht, in der sie die Sterne wie Himmelsaugen über sich gesehen hatte, die auf sie nieder blickten, stand sie auf und fühlte ihr Herz wild pochen. Die friedvolle Wegstrecke hatte ihr gut getan. Sie fühlte, dass sich ihr jetzt etwas näherte, das sie tiefer führen wollte. Dies war nicht der Friede, nach dem sie sich gesehnt hatte. Es war eine Pause, ein Aufatmen der Existenz, in der sie sich von dem entledigt hatte, was sie aufrieb. Sie fühlte die Kraft in ihrem Gang und die Aufrichtung in ihrem Körper und war gewappnet, dem entgegen zu blicken, was sich ihr näherte und von dem sie wusste: Es war das Tor, das sie ihr Leben lang gemieden hatte. In ihr war in den langen Monaten der Stille und Einkehr jetzt Bereitschaft herangereift, sich das anzusehen, was sie nicht sehen wollte. Dem zuzuhören, was sie nicht hatte hören wollte.

Sie war bereit, sich selbst zu sehen.

Kapitel 6: Von Angesicht zu Angesicht

„As a woman I have no country. As a woman I want no country. As a woman, my country is the whole world."

- Virginia Woolf

Der Weg in der flachen Steppe endete vor dem steil anfallenden Gebirge, dass sie schon seit Tagen vor sich gesehen hatte. Unruhig begann sie den Aufstieg auf steinigem Boden, der ihre Fußsohlen aufriss und bluten ließ. An manchen Tagen bewegte sie sich auf allen vieren, so wie sie es bei den Wölfen gelernt hatte, um dem Schwindel vorzubeugen, der sie in der immer höheren Luft befiel, wenn sie nach unten blickte.

Ihr Körper war in einer vollkommen neuen Weise gefordert und nach und nach schärften sich ihre Sinne, während ihre Muskeln fester und beweglicher wurden. Zwischen den anstrengenden Phasen des Kletterns ruhte sie in Erdkuhlen und schlief dort tief und fest. Eine innere Unruhe hatte sie befallen, und je näher sie dem ersten Gipfel kam, umso angespannter war ihr Körper. Ihr Geist jedoch war ausgeruht und frisch. Die Wölfe kamen nun immer näher und sie hatte Zeit, sie genauer zu beobachten. Sie passte sich ihren Ruhephasen an und erlaubte sich, in ihre Art einzutauchen, die gleichzeitig reaktionsschnell wie ein Blitz und doch zutiefst entspannt war. So war es auch, dass sie beobachtete, wie die Wölfe eines Tages nervös wurden und schreckhaft, als näherte sich eine unsichtbare Gefahr. Sie begann, die Schatten, welche für ihre Unruhe sorgten, zu fühlen. Erst waren es schemenhafte Eindrücke, gleich einer Verdunkelung am Himmel, die ein nahendes Unwetter ankündigten und an ihrer inneren Seelenlandschaft, die so ruhig geworden war, vorbei huschten.

Dann begannen die Träume.

Sie sah die Leitwölfin, wie sie um ihr Leben rannte, die spitzen Pfeile der Jäger schussbereit.

Und nun hörte sie im Traum das, was diejenigen, die sie zurückgelassen hatte, über sie sagten. Alles, was sie nie hatte hören wollen, weshalb sie Orte und Menschen, die sie liebte, verlassen und wieder verlassen hatte, kam nun an die Oberfläche ihres Bewusstseins.

Nun musste sie sich wehrlos und nackt den Inhalten der verborgenen Kammern ihres Innenraumes stellen und hatte keine Wehr außer der Geschmeidigkeit ihres Körpers, der immer wacher und schneller reagieren konnte, während sie über die Felsen pirschte.

Sie hörte den Vorwurf des Verrats, weil sie weiter gezogen war. Nichts schützte sie hier oben vor der Wucht der Pfeilspitzen von Neid, Eifersucht und Missgunst, die sich in ihren Körper bohrten. War sie deshalb hier auf die Bergspitze gewandert und gekrochen, nur um sich anzuhören, was andere über sie dachten? War sie hier oben, wo ihre Haut dünn war, um ganz, ohne Abwehr, das tiefe Leid zu fühlen, welches in denen pochte, die sie immer wieder und wieder verlassen hatte? Oder war sie aufgrund der langen Einsamkeit gar paranoid geworden und transportierte nun ihre eigenen ungelösten Schattenanteile auf ausgelagerte Projektionen, die sich in ihren Träumen über sie beugten und zu ihr sprachen, als wären es Menschen, die sie so gut kannte. Die Sorge um ihre eigene Seelengesundheit wuchs. Sie folgte den Wölfen nun fast wie eine von ihnen und ließ das Rudel nicht mehr aus den Augen. Ihre stille Übereinkunft und das instinktive Verhalten der Wölfe im Einklang mit ihrer Umgebung gaben ihr Sicherheit. Die Leitwölfin wiederum schien jetzt ebenso immer öfters ihre Nähe zu suchen, und fast war sie sicher, in der Nacht ihre goldenen Augen auf sie gerichtet zu wissen, geborgen, unter dem Schutz der wilden und weisen Wolfsfrau, welche sie auf wundersame Weise nach hier oben geführt hatte.

Mitunter waren es auch schmeichelnde Worte, die sie nicht zur Ruhe kommen ließen: „Warum hast du uns verlassen?“, fragten die Anderen vorwurfsvoll. Ihr Seelengrund war so leer, und so sehr sie danach suchte, es gab keine Handlungsinstanz in ihr, die sich oder etwas rechtfertigen konnte. Sie war müde von der Herausforderung des Lebens in der kargen Bergwelt und zugleich satt. Die transparente Lebensweise in Aufrichtigkeit ihrem eigenen Los gegenüber war waffenlos und nackt gegenüber den Vorwürfen ihrer Artgenossen.

„Du … warum gibst du dich nicht mit dem zufrieden, was uns beschieden wurde? Dieser Clan, er war so warm und wohlig, wir alle waren uns doch so vertraut. Wir liebten dich!“ Fast klangen diese Worte wie eine

Drohung. Die Leitwölfin wälzte sich unruhig in ihrem leichten Schlaf, und sie fühlte die süße Versuchung dieser Stimme, die sie zurückrief und zu zähmen suchte. Die angenehme Mattheit, die sich ihrer bemächtigte, wenn sie sich vorstellte, in das Menschenrudel zurückzukehren, war groß, und die Vorstellung, sich in die Geborgenheit ihrer Gruppe fallen zu lassen, übte einen fast unwiderstehlichen Sog auf sie aus. Warum konnte sie nicht eine von ihnen sein? Welchen Fluch hatte sie auf sich gezogen, der es ihr unmöglich machte, in der Zufriedenheit der Gemeinschaft ihren Platz einzunehmen? War sie wirklich dazu verdammt, alleine zu sein, ruhelos umherstreifend, verwildert und ungezähmt, ohne Gefährten und ohne Artgenossen? Sie blickte in den weiten Himmel und fürchtete sich nicht mehr vor der unendlichen Größe, die ihr entgegen blickte. Dennoch bohrte die Stimme der Anderen immer tiefer unter ihre Haut und rief sie zur Umkehr, klagte sie an: „Du bist nicht dazu geschaffen, allein zu sein! Nur eine winzige Anpassung von dir, nur ein kleiner Kompromiss, und du wirst bei uns wieder Sicherheit und Wohlstand finden! Sei doch nicht so unbeugsam“, und fast konnte sie den Schmerz am eigenen Körper fühlen, den sie den Anderen zufügte in ihrem Alleinsein in der Welt hier oben, unerreichbar und ohne Spur. Sie hatte Erbarmen, Mitgefühl, Liebe und Sehnsucht in einem, und Heimweh überwältigte sie nach der Zugehörigkeit zu einer Sippe.

Sie schüttelte sich und lief zum Bach. Das graublaue Wasser der Nacht klärte ihre Gedanken und ließ sie hellwach werden. Sie wusste, wie die Reise enden würde, wenn es nur einen Schritt, einen Weg zurückgäbe zu den Linien ihrer Verhaftungen, zur Besitznahme und zu den Menschen, welche sich durch gemeinsame Tätigkeiten, durch gemeinsamen Hunger, Alltagssorgen und geteilte Freuden aneinander nährten und sich Sicherheit versprachen. Rastlos verbrachte sie den Tag in immer steileren Erkundungen, und müde legte sie sich in der Nacht schlafen, so als würde sie ihrem Körper abverlangen, über sein eigenes Maß hinaus zu wachsen und so dem Sog zur Behaglichkeit im alten Leben zu entfliehen.

Die Träume führten sie zurück in die Welt der Wölfe:

„Sie ist zu einsam“, sagte eine der Jägerinnen, welche die Leitwölfin seit Tagen verfolgten. „Sie wird nicht genügend Kraft und Ausdauer aufbringen, sich gegen das zu wehren, was ihr bar allen Schutzes außerhalb der Zugehörigkeit der Gruppe widerfahren wird.“

„Ja“, entgegnete eine andere Stimme, „das hatte ich von Anfang an vorausgesehen. Nun muss sie selber sehen, wie sie aus dem Land, in das sie sich begeben hat, wieder nach Hause findet! Hier wartet nur der sichere Tod auf sie. Schade, denn wir meinten es doch eigentlich nur gut mit ihr. Aber ihr Eigensinn, ihre Unbestechlichkeit … keinen Köder nahm sie an. Wir haben ihr alles Erdenkliche angeboten. Sie ist unter dem Einfluss der Wölfe unbestechlich geworden.“

„Schweig!“, erwiderte die Jägerin. Der Köder, nach dem sie wahrhaftig hungert, gehört nicht zu dem, was wir ihr bieten könnten. Sie hat sich neuen Gesetzen verschrieben. Wir können sie nur noch strafen, indem wir sie ächten.“ Schweißgebadet wälzte sie sich im Schlaf und verfolgte mit, wie sich die Jägertruppe von ihr abwendete und sich vor ihren Augen in Luft auflöste.

Sie hatten sie umgebracht. Sie hatten sie in der Weise umgebracht, wie es unter Menschen üblich war, indem man einen Menschen verbannt und meidet und für nicht-existent erklärt. Es schauderte sie am ganzen Körper, und dankbar lauschte sie den vertrauten Geräuschen der Wölfe, die ihr näher waren wie in den anderen Nächten.

Die Jägerin zog mit ihren Gefährtinnen aus dem Traumterrain und es wurde etwas stiller.

Nachdenklich betrachtete sie die Leitwölfin und blickte in ihre ruhigen goldgelben Augen. Sie sah ihre Fürsorge für den Clan und das Vertrauen, welches sie im Rudel genoss. Und immer wieder gab es Kampfsituationen. War sie immer noch berechtigt, das Rudel anzuleiten? Wie erwarb sie sich dieses Recht? Sie war routiniert und ließ sich dabei nicht aus der Ruhe bringen. Die Elastizität ihrer Bewegungen, ihre Schnelligkeit und ihre Entspanntheit flossen von der Wölfin in die junge Frau, die begann, die Wölfe über viele Tage hinweg nachzuahmen.

Es schien ihr, als würde die Wölfin mit ihr sprechen, wenn sie so still und ernst in ihre Augen blickte: ‚Ich habe dich hier auf den Berg geführt, weil du mich darum gebeten hast. Deine Seele hat mich gerufen, und wie es immer war zu allen Zeiten, hören wir Wölfe den Ruf und geben ihm Antwort, wenn er aufrichtig ist und mutig. Wer die Wölfe sucht in seinen Träumen, ist bereit zu sterben und die andere Welt zu betreten.‘

Während sie lauschte, was die Wölfin sagte, bemerkte sie wohl den Schmerz in ihren Augen. Die Wölfin wusste von dem, was ihr bevorstand und scheute sich, ihr diese Prüfung aufzuerlegen. Sie fühlte, wie sehr sie es bedauern würde, wenn sie scheiterte und aufgab. Sie beide wussten, es gab keinen Weg für sie zurück. Zu weit schon hatte sie sich mit den Geheimnissen des neuen Terrains vertraut gemacht, niemals würde ihr der Weg zurück in die Untenwelt gewährt werden, würde sie nicht mit der vollen Kraft der verwirklichten Liebe zurückkehren. Zu stark war sie geworden, zu unbeugsam, zu machtvoll und zu gefährlich. Ihr Körper pulsierte von Lebenskraft und Vitalität, und ihre Instinkte hatten ein hartes aber präzises Training erfahren. Sie war auf dem Weg, Schöpferin zu werden, Weltenwandlerin, eine, deren Gedanken keine persönliche Berechtigung mehr hatten und deren Gefühle für den Lauf des Weltenwillens bedeutsam wurden. Das Risiko, nicht vollendet durch die Prüfung, wieder zu der Sippe zurückzukehren, würde alle in Gefahr bringen, am meisten sie selbst – das wusste sie und es schien, es war nicht zum ersten Mal, dass sie dieser Schwelle gegenübertrat und die reale Möglichkeit des Scheiterns vor sich sah. Die Wölfin blickte ihr aufmunternd entgegen, leckte mit ihrer weichen Zunge einmal über ihren linken Fuß und kehrte zu ihrem Rudel zurück.

Jetzt traten die Jäger, die Männer, in ihre Träume. Wo die Jägerinnen voller Neid und Missgunst, aber auch voll gut gemeinter Sorge versucht hatten, ihre Pfeile auf sie zu zielen, überraschten sie die mentalen Giftpfeile der maskulinen Verfolger.

Die Jäger bekämpften jetzt das Wolfsrudel mit schweren Speerspitzen, waren aber der Beweglichkeit der Leitwölfin weit unterlegen.

„Ihr Licht ist groß, jedoch hat sie für uns keinen Nutzen mehr“, sagte der Eine. „Lassen wir sie ziehen, jagen wir sie aus unserem Terrain“, sagte der Andere. „Sie wird sich niemals einfügen in unser System. Ihre Stärke bringt uns nichts als Ärger. Sie ist zu machtvoll geworden, mit ihrem ewigen Glauben an die Liebe“.

Keinen Nutzen. Keinen Nutzen. Sie hatte keinen Nutzen!

Wie oft hatte sie diesen Satz unausgesprochen gefühlt, gehört und wie oft war es der Grund für sie gewesen, sich von Menschen, die ihre Nähe suchten zurück zu ziehen.

„Wir könnten sie für einige Tage in die Enge treiben“, sagte da einer der jüngeren Männer, der hochmütig und arrogant zu ihr blickte. Die Männer hatten sie umkreist, und statt ihres nackten Menschenkörpers sahen sie ihre Pfoten und Fellhaare und fühlten die Kraft, die in ihrem Wolfskörper pochte. Ihr Atem raste. „Bevor wir sie töten, sollten wir das Elixier ihrer Stärke aus ihrer Seele saugen“, sagte der junge Jäger. Sie erkannte seine Stimme wie in einem Nebel und konnte nicht glauben, wie dumm sie war, wie unbeholfen und gutgläubig, dass sie ihm, gerade ihm, am meisten von allen vertraut hatte. War nicht er es gewesen, der seine Liebe zu ihr am meisten beteuerte und ihr immer wieder Zuspruch, Übereinstimmung, eine fast magische Nähe zur Intuition und Kraft ihrer Seele vorgetäuscht hatte? War er nicht auch jener, den sie verlassen hatte, als sie die Reise begonen hatte, dem sie vertraut hatte und immer noch vertraute? Er schien nicht zu bemerken, dass sie ihn erkannt hatte und sprach laut und grob mit seinen Jagdgefährten über ihren Marktwert und Nutzen. Der Mond schien hoch und flutete hell über die weite Leere der Bergwelt, und weit in der Ferne hörte sie den Adler mit seinem leichten Flügelschlag anmutig und gelassen seine Kreise ziehen. Sie trank das Mondlicht und stärkte damit ihren Geist, bis sich die Spukgestalten der Nacht vor ihrem inneren Auge auflösten und sie wieder alleine und mit ihrem gewohnten Menschenkörper in der feuchten Erdkuhle lag.

Sie wusste, dass ihre Reise nicht dazu bestimmt war, den Bedürfnissen nach Zuneigung oder Wohlwollen zu folgen. Es war ein neuer, unbeugsamer Stolz in ihr wach geworden, der sie jetzt von innen, von unter der Haut, antrieb, weiter zu gehen. Die Einsamkeit machte sie zuweilen atemlos, nackt und aufgerieben in Sehnsucht nach denen, welche die ihren gewesen waren, und dennoch wusste sie jetzt, der Weg zurück war ihr für immer verwehrt. Das also war es gewesen was sie gezähmt, domestiziert hatte. Sie hatte sich dem Nutzen der Gemeinschaft zur Verfügung gestellt, weil sie die Einsamkeit fürchtete.

„Du musst uns verstehen“, sagte einer der ihr wohl Bekannten. „Wir folgen nur den Gesetzen unserer Gruppe. Niemand hat das Recht, sich davon abzuheben. Wir wollen nur das Beste für dich. Komm zurück. Noch ist es nicht zu spät. Wir können dir helfen. Wir können dir etwas anbieten, was dich zur Ruhe kommen lässt. Du wirst dich ausruhen und einsehen, dass es falsch war, eine verrückte Idee nur, dich von uns abzuheben, weiter zu ziehen. Es ist ganz einfach, komm zurück und sag, dass du dich geirrt hast und alles wird gut. Bekenne dich zu deinem Scheitern."

Sie fühlte ihr Blut erstarren, während sie schweißgebadet erwachte und panisch schrie. „Nein“. Niemals würde sie sich dem beugen. Sie spürte den warmen

Atem der Wölfe in der Nähe und die Geborgenheit unter dem weiten Himmel. Die Träume prüften sie, rissen alles in ihr wund, was noch an einer Idee von Zugehörigkeit festhielt. Das Wolfsrudel lehrte sie unterdessen, in ihrem Instinkt mit jedem Tag schneller und wacher zu reagieren, wenn die säuselnden Traumfiguren ihr nächtliches Seelenland betraten.

So gab es allmählich einen Kompass, dem sie mit jedem Tag mehr lernte, zu vertrauen. Schritte, die sie wagte, welche sie nie zuvor gegangen war: Sprünge über Felsen nahe des Abgrunds, Wege durch Dickicht und Dornen, Regionen weit entfernt von den vertrauten Bahnen ihres Zuhauses. Tastend und mit unsicherem Tritt folgte sie diesen Wegen, und immer weiter entfernte sie sich von Anhaltspunkten, an denen sie sich orientieren konnte. Wenn auch alles andere von ihr wich, so blieben die inneren Stimmen, welche aus dem Nebelland ihrer Vergangenheit zu ihr sprachen. Es galt, allem zuzuhören und niemals auszuweichen.

Sie hörte jede Kritik, jede Verurteilung und auch Vernichtung. Und sie wurde es nicht müde, den Impulsen in ihr standzuhalten, welche ausweichend reagieren wollten, in dem sie auf ihrem Recht bestanden hätte. Hier, in der Weite der Steppe, entledigte sie sich aller Schichten von Abwehr und Schutz und gab sich dem hin, was sich zeigen wollte. Und sie lernte zu schweigen und hörte zu.

Auch ihre Gedanken, ihre Reaktionen, ihre Verletztheit wurde allmählich still. Es war nicht weniger Schmerz in ihr, aber es fühlte sich nicht mehr wie ihr Eigen an. Es war Schmerz. Es war Liebe. Es war Wut über die Verurteilung und die Grenze, über die sie das

Leben hinaus gefordert hatte. Gestoßen? Hatte sie jemand darüber gestoßen oder war sie freiwillig gegangen? Sie konnte sich nicht mehr daran erinnern und es hätte auch keinen Unterschied gemacht. Sie war in einem Land fern der Menschen, die ihr vertraut waren, und im Grunde gab es keine Regeln, keine Lebewesen, nichts, was ihr Zuspruch hätte bieten können. War sie etwa gestorben und hatte es nicht bemerkt? Alles, was sie sah und berührte, war so voller Leben, so intensiv leuchtend und klar, dieses Flimmern von Schönheit. Konnte dies der Tod sein? Sie fühlte den Tod und lernte ihn lieben, als jener Zerstörer von linearer Zeit, der sie entband von dem Druck eines neuen Tages und Morgens und sie ruhen ließ in einem Gefühl der Ewigkeit.

War sie unter den Lebenden und die Besucher in den Träumen waren die Toten, die sie zurückzuholen suchten, die sie prüften in ihrer Seelenkraft, die neue Seelenhaut sich bilden liessen, so etwa, wie die Schwielen an ihren Füssen welche die längst verheilten Fußsohlen elastisch und gleichsam stark werden ließen.

Kapitel 7: Das nackte Seelengewand

„In der tiefsten Tiefe des Körpers trifft man auf etwas, das dem erstaunlich ähnlich ist, was man im höchsten Bewusstsein entdeckt, in den weiten Räumen auf dem äußersten Gipfel des Wesens. Aber hier entdeckt man es physisch, in den Zellen."

- Mirra Alfassa über ihre Erfahrung mit Sri Aurobindo

Sie trat ein in eine neue Dimension von Zeitlosigkeit und vergaß in just diesem Moment Gott, den Fixpunkt ihrer Identität, der unerlöste Vateraspekt ihrer Kindheit, in dem sie sich Zeit ihres Lebens gehalten wusste. Der an eine Persönlichkeit gebundene Gott, der einer individuellen Existenz ein Anfang und Ende zu bereiten drohte, löste sich auf in ein Empfinden von allgegenwärtigem Kosmischen Sein. Stattdessen breitete der stolze Falke am Himmel seine Flügel über ihrem durchsichtig pulsierenden Wesen aus, welches in zarten Atemzügen die unerklärliche Wechselwirksamkeit ihres eigenen Daseins und der Verkörperung des gesamten, sie umfassenden Umraums zu fühlen begann. „Du bist die offene Verkörperung einer Idee von Leben", hörte sie Horus rufen, wenn sie steile und schmale Pfade hinauf kletterte, und ihr schwindelte immer seltener, geborgen in dem sicheren Gefühl, dass sie nicht sterben würde, solange sein Blick auf ihr ruhte. „Ich beobachte dich“, flüsterte er ihr manchmal zu, und wenn sie sich umdrehte, war er schon wieder in seine unergründlichen Höhen entflogen. „Ich beobachte, wie das Leben durch dich Form nimmt und ich führe dich, wenn du es willst“, würde er lachend sagen, wenn sie von ihm träumte. „Und du führst mich, denn du lehrst mich, Liebe zu empfangen“. Lange saß sie auf einer kleinen Bergwiese und betrachtete die Murmeltiere bei ihrem fröhlichen Spiel. Der Falke war viele Tage schon mit ihr geflogen und schien sie nie aus den Augen zu lassen. „Du lehrst mich Liebe zu empfangen“, hatte er gesagt. Ihr Verstand konnte diese Sätze nicht einordnen, und doch spürte sie eine Freude über ihren stillen Dialog, der sie zutiefst sättigte, so wie das frische klare Bergwasser, das sie mit ihren bloßen Händen schöpfte.

Sie verließ das alte Bild des sie beschützenden Gottes immer dann, wenn sie etwas wagte, was sie nie zuvor getan hatte. Die Lebendigkeit, welche dadurch in ihrem Körper hervorsprudelte, schien auch ihrem stillen Begleiter, dem Falken, Freude zu machen, wurde er doch täglich waghalsiger in seinen Sturzflügen, mit denen er gerade zu ihr stieß, um sie dann wieder über mehrere Tage allein wandern zu lassen. Es trieb sie in einer fast atemlosen Begeisterung an die nächste Bergwand, an deren Abgrund sie nie sicher sein konnte, ohne gravierende Wunden und Verletzungen davon zu kommen, dort wo sie Schwindel packte und das Altbekannte keinen Boden bot, auf dem sie sicheren Stand finden würde. Aber, was war dieses Zuhause ohnehin jetzt, wo sie den einen, über alles erhabenen Gott vergessen hatte und in ein Spiel von Schöpfungsphänomenen eintauchte, welche das fromme Gebet an einen Lenker ihres Schicksals wie eine kindliche Gebärde aus einer anderen Welt erscheinen ließ.

So vergaß sie allmählich auch jenen doppelgesichtigen Gefährten, der sie einst in einem friedvollen Tal im blauen Abendlicht auf diese Reise geschickt hatte, und wenn sie an ihn dachte, war sie voller Mitgefühl für das Opfer, welches der bewusste Tod ihrer Verbindung für sie beide mit sich brachte. „Du musst lernen, dein Herz abzutöten", würde der Falke des Öfteren zu ihr sagen, wenn der alte Schmerz in ihr hochspülte, ein süßer Schmerz auch, eine Intensität von Gefühl und ein undefiniertes Sehnen. ‚Mein Herz abtöten', dachte sie, ‚was mehr noch würde diese Reise von ihr fordern?' Aber sie wusste, dass er Recht hatte, und sie sah mit glasklarem Blick den tiefen Frieden, der weit in der Ferne vor ihr lag, wenn ihre Seele bereit war, diesem letzten Schritt zu tun.

Wo war ihre Liebe jetzt, wo war sie geblieben? Ihre Reise wich dem inneren Getriebensein zu einem freien Raum des Seins, der Bedeutung und Form verloren hatte. Indem sie Gott aus dem Gefängnis ihrer personalen Projektion loslöste, löste sich auch das Bild des alten Gefährten auf und verblasste allmählich in einer vagen Erinnerung an nebulöse Länder, die sie einst bewohnt hatte.

Der Falke blieb aufmerksam und ließ nicht zu, dass sie vorschnell Inhalte ihres Bewusstseinsraumes wegdrängte. Er forderte sie auf, tiefer und unmittelbarer in den unsicheren haltlosen Raum hineinzutauchen, wenn er sie prüfte: „Wo ist der Schmerz jetzt, wohin hast Du ihn verwandelt?" Während sie darüber nachdachte, bemerkte sie die Stelle, wo der persönliche Schmerz über den Verlust von all dem, was sie hinter sich gelassen hatte nun immer öfter einem weichen Pulsieren Raum gegeben hatte. Wie ein Ankerpunkt, der sie in das Innerste des menschlichen Wesens hineinzog, war es gleichsam – das fühlte sie immer bestimmter – auch die Stelle, an der sich der Horus andockte, um mit ihr gemeinsam den fragilen Zwischenraum von Nicht-Existenz und Schöpfung zu beatmen. Während sie lief, überfiel sie des Öfteren ein süßes Vergessen aller persönlichen Bedeutung, gleich einem Hineinfallen und Ausweiten ihrer selbst in die Weite des geöffneten Raumes, und dennoch führte sie des Falken unsichtbare Stimme auch in die Abgründe ihres Innenlebens. Sie ahnte, dass sie noch lange nicht alle Täler und Klüfte bewandert hatte.

Ein Traum führte sie an eine neue lichte Stelle weit unten in der Talebene. Sie erwachte und erinnerte sich bruchstückhaft an das Erleben der Nacht. Der Falke war zu ihr geflogen und hatte sich auf einen Ast gesetzt. Sie zitterte und fühlte sich von einer Erregung ergriffen, die sie weder Freude noch Bedrohung zuordnen konnte. Vor ihren Augen verwandelte sich der Falke in Menschengestalt, ähnlich wie sie es an sich selbst mit dem Wolfswesen erfahren hatte. Als würde er eine Maske langsam und achtungsvoll von seinem Antlitz ziehen, trat er langsam auf sie zu. „Ich werde dich jetzt küssen", sagte er. Es klang so, als würde er sagen: „Ich werde dich töten." Noch langsamer trat er an sie heran und seine Augen bohrten sich tief in ihre Seele, sie fühlte seinen Mund, seine Lippen, die sich ihr näherten und zu einer untrennbaren Nahtstelle mit ihrem Mund wurden. In dem Augenblick begann sie sich aufzulösen und in die Weite des Universums hinauszufallen. Es drehte sich, gleich des Fallschwindels, den sie so gut kannte, und er schien zu sagen: „Ich halte dich. Bist du bereit, zu sterben?“ Und sie ließ sich fallen in diese wundersame, atemberaubende Kraft, die sie hielt. Mit diesem einen Kuss nur und bei vollem Bewusstsein bezeugte sie ihr eigenes Sterben, ein ekstatisches Auflösen und Hineinfallen in den Urgrund alles Seins. Verschmolzen mit ihm, der kein Gegenüber mehr war, schien sie durch entfernte Galaxien zu schweben, Sternenstaub pulsierend in schwarze Löcher hineinzufallen und wieder neues Leben zu erschaffen, und sie hörte seine Stimme: „Willst du?“ Sie fiel in noch tiefere Hingabe und spürte den Willen, der alles bewegte, aus dem sie selbst einmal geformt wurde und der nun offen und unschuldig, ohne persönliche Motivation, im Weltall verborgen lag und auf ihren Schrei wartete, ihr Bekenntnis: „Ja, ich will.“ Sein Kuss wurde intensiver und saugte alles auf, was noch Fleisch, Muskeln, Sehnen und Knochen von ihr war, und er sagte: „Dann wird dies hier nie wieder enden, nie wieder aufhören.“

Als sie aufwachte, berührte sie ihre Lippe und es war ihr, als wäre etwas besiegelt, von dem sie noch nicht wusste, was es sein konnte. Sie vergaß den Traum während des Tages, aber fühlte diese eigentümliche Präsenz, die sie tatsächlich fortan nie wieder verlassen würde in ihrem Innersten, dort an der Stelle, wo sie bereit war, sich der Haltlosigkeit jenseits einer geformten Identität immer neu anzuvertrauen.

Der Druck ihrer Vergangenheit wich, und ihr Bewusstsein dehnte sich über das Bekannte hinaus in einen Raum, der so viel größer war als ihre personal gebundene Identität. Manchmal fragte sie sich in den sternenklaren Nächten, ob sie sich selbst jemals würde wiederfinden können, in dem, was ihr Eigen war und zugleich nie gehörte. Was für eine Spannung, in diesem Feld von Einzigartigkeit und Fähigkeit, zugleich dasjenige freilassend, dessen Bedeutung im daran haftenden Festhalten nicht wäre. Wer, um Gottes willen war sie geworden, wessen war ihr Werdens? Würde dieses Werden jemals aufhören?

Und statt auf Gott zu hören, begann sie nun ihre Instinkte zu schärfen und ihrem neuen Selbst zu vertrauen. Sie beobachtete erstaunt die Verwandlung, die sich in ihrem Körper vollzog. Die Zellen begannen zu summen und zu vibrieren, ihr Blut rauschte und sprudelte in einer feinen Intensität, die sich anfühlte, als wäre ihr Körper vom innersten Raum her mit goldenem Licht gefüllt, welches in Regenbogenfarben nach Außen pulsierte. Sie begann das Wesen, welches sich in Form gebildet hatte, als ein Gebilde von Farben und Wirbeln zu entdecken, das sich aus sich heraus bewegend, tanzend und oft lange ruhend, nach neuen Ordnungen suchte. In gleicher Weise schaute sie sich selbst in dem Raum ihrer Psyche, dort wo sich Strukturgebilde geformt hatten die sie in der anderen Welt, im Drüben bei den Menschen, als Navigation gebraucht hatte.

Hier direkt unter ihrer Haut begegnete sie den Stimmen ihres früheren Alltags, und überraschend begannen auch Stimmen aufzutauchen, welche Räume aufstießen für das vollkommen Unbekannte, gesprochen aus einer Quelle, deren Ursprung sie nichts Vorhergegangenem zuordnen konnte. Es waren nicht mehr die treibenden Kräfte, die sie gejagt und in die Enge getrieben hatten, dennoch war ihre Botschaft nicht minder prägnant. Gestaltungswille entsprang ihres Herzens Frieden, und in einer hilflosen Geste von Erbarmen entschloss sie sich, in den verworrenen Linien ihrer alten Seelenanteile nun Ordnung zu schaffen.

Sie kehrte gerne an die kleine Lichtung zurück, welche sich am Fuß eines Felsvorsprunges befand, aus dem ein Wasserfall toste. Sie liebte es, ihren Rücken an das warme Gestein zu lehnen und der Vibration des Wassers zu lauschen. Dort saß sie viele Tage und ruhte sich aus, wurde sanfter. In dieser Geklärtheit beobachtete sie die Mäander, welche sich wie Edelsteine im Urgestein in ihre Seele hineingegraben hatten.

Die Auflösung der Muster, die hinter ihr lagen und im Grund ihrer Seele teils funkelnd, teils bedrohlich schwarzrot leuchteten, würde nicht in einer ‚Abtrennung' ins Unterbewusste geschehen. Sie spürte mit unzweifelhafter Gewissheit, dass jegliche Trennung und jedes Verschließen des aufgebrochenen Herzens zu einer neuen Form und zu neuen Strukturen der Verhärtung führen würden. Sie war der Liebe jetzt hilflos ausgeliefert und kapitulierte in allen Versuchen ihrer Psyche, sich von vermeintlichen Verletzungen in Schuld oder Unschuld freizustrampeln, die sich in ihr Fleisch gegraben hatten.

„Du musst es wagen, wehrlos zu bleiben", würde ihr der Falke in den folgenden Träumen sagen. „Baue keinen neuen Schutz auf zwischen dir und deiner Welt. Ich brauche dich so, wie ein Stern das Dunkel des Universums erleuchtet. Verschließe dich nicht. Bleibe in dem Strahlen des Herzens vollkommen frei und offen, egal was du siehst, unbeeindruckt von dem, was dir aus deinem Innenraum entgegentritt."

Sie verstand, was er meinte. Wie oft war die Gewohnheit der menschlichen Natur eine erste Reaktion von Abwehr gegenüber dem Unbekannten, welches zu jeder Sekunde des Tages darauf wartete, sich in uns, dem menschlichen Wesen zu verkörpern. Die Türe würde sich schließen, für diese mysteriöse Durchdringung eines drängenden Liebeswillen, der frei bleiben wollte von den erstorbenen Verhärtungen des Gewordenen. Wie schnell wurde so freier Gestaltungswille zu einem manipulierenden Eingreifen und Kontrollieren von Lebensimpulsen, die in ihrer Frische und Schönheit zurückschnellten und erloschen. Stattdessen blieb sie mit der sanften, pulsierenden Stelle in ihrem Herzen ganz nah bei den Äußerungen der inneren Gebilde und atmete sie sanft und milde durch ihren Körper hindurch, eine transformierende Integration aller biografischen Phänomene, die sich in einer eigenwilligen und wundersamen Mixtur zum Wesen ihrer selbst zusammengefügt hatten. Sie war voller Liebe diesem alten Selbst gegenüber und dennoch gleichmütig, als wäre es eine Schwester, ein Doppelwesen, das ihr bekannt war, aber in eigentümlicher Weise hohl erschien und ohne inneres Leuchten.

Und so kam eine neue Kraft an diesem einen Morgen, frisch und leicht. Sie stellte sich ihr als Stimme der Erkenntnis vor:

„In der Erkenntnis von Dein und Mein, und einem bewussten Begreifen der Muster, die dich prägten und die sich noch immer automatisch in dir fortsetzen, wirst du frei. Die Heilung besteht darin, die Anteile in dir anzuschauen und zu verstehen, welche die Bindungen noch suchen und brauchen. Noch bist du nicht ganz frei. Wir werden dich noch eine Weile hier bei uns behalten, in der Anderswelt. Würdest du schon heute zurückkehren, wäre eine vorschnelle Verdichtung dein Los. Du hast die äußeren Prüfungen bestanden. Nun aber tritt die Liebe in deinen Raum, gewähre dem Einlass, was sie dir sagen wird und schau, was geschieht. Es wird jetzt leichter für dich, aber vielleicht gerade deshalb auch schwerer. Es gibt keinen Kampf mehr auszufechten. Die Liebe zu empfangen und ihr zuzuhören ist das Einzige, was du nun tun kannst, um dem neuen Seelenkleid Form und Struktur zu weben."

Die Erkenntnis lächelte für einen Moment und hauchte ihr wunderbar frische Luft in das Herz. „Und du wirst selbstverständlich verstehen, dass die Frage nach Mein und Dein nicht länger existiert. Höre dir selbst eine Weile zu. Höre dem Stoff zu, aus dem du erschaffen bist. Lerne ihn kennen. Und …", wieder dieses Lächeln, dieser kühlende Windhauch: „Lass es los. Gib den Inhalten deines Bewusstseins nicht allzu viel Bedeutung. Aber höre hin … lass es seinen Ausdruck finden."

Etwas unbeholfen richtete sie ihre Aufmerksamkeit auf ihre Seele und versuchte der Aufforderung nach zu kommen. Als Erstes begegnete sie einer altbekannten trotzigen Emotion, welche die Liebe wie eine morastige Schlacke aus der Tiefe ihrer Seele hervorhob. Wie ein

Quälgeist schien dieses Wesen vor sich hin zu stampfen. Vorsichtig trat sie näher und versuchte zu hören, was sie vor sich hinmurmelte.

„Ich will recht haben. Ich will im Recht bleiben", schrie das kleine ungestüme Wesen. „Ich komme schon so lange zu kurz. Immer sind die Bedürfnisse anderer wichtiger. Diese Welt da draußen ist so hart und so groß. Sie braucht jemand, der sie beschützt und mich umsorgt. Wie kann sie hier in dieser Wildnis herumirren und alles vergessen, was ich in Sorgfalt und harter Arbeit aufgebaut habe. Beziehung, Partnerschaft, Ehe, diese Orte von Verlässlichkeit wo sie Schutz findet, wo ich Nahrung erhalte, indem der Andere sich um sie kümmert, Verantwortung für sie trägt, wo ich bestimme, denn ich weiß, was sie braucht, um sicher und geborgen zu sein, ich weiß, was jede Frau benötigt und immer, zu allen Menschenzeiten, benötigt hat."

Oh, sie kannte diese Stimme, sie erkannte sie sofort wieder. Wie oft hatte sie zu ihr gesprochen und sie bis in ihre Träume verfolgt? Sie fühlte die Sorge, die Angst, dass sie als Mutter, als Frau, alleine in der Welt, die sie hinter sich gelassen hatte, nicht überleben könnte. Fast hatte sie diesen wütenden Quälgeist lieb, wenn sie auch versucht war, ihn zu schelten dafür, dass er sie und ihre Mitmenschen so lange in Schach gehalten hatte. Wie viel Selbstmitleid schwang in diesen Worten und ohnmächtige Bedürftigkeit. Liebevoll nahm sie den kleinen Querulanten an ihre Hand und zeigte ihm das Wunder der Natur, welches sie umgab. Lange saß sie und ließ diesen inneren Anteil fühlen, wie tiefe Nahrung in sie strömte aus dem freien Himmel, der sich über sie spannte und der Verbundenheit zur Erde, welche gleich eines ihr ungetrennten Wesens in allen Farben leuchtete und flimmerte.

„Ich, ich ... liebe diese Erde so sehr“, seufzte der kleine Anteil. „Du bist nicht getrennt von ihr. Der gleiche Ursprung, dieselbe Kraft strömt durch den einen ungetrennten Körper“, wollte sie antworten, doch sie erinnerte sich an die Aufforderung der Stimme der Erkenntnis, einfach nur zuzuhören, und so ließ sie sich noch etwas tiefer entspannen und in ihre Seele hineinsinken. Es wurde leiser, und eine zarte Vibration von Angst und Herzklopfen breitete sich in ihrem ganzen Körper aus. Fast konnte sie bildhaft dem Entstehen einer neuen Form zuschauen, die sich in ihrem Innern zeigen wollte:

„Angst …“, flüsterte das zarte Wesen. „Ich fürchte mich. Meine größte Angst ist, dass sie nicht über genügend Kraft verfügt, dass meine Existenz gesichert ist. Meine Existenzangst beruht auf einem System, das ich nicht durchblicke und nicht verstehe. Ich sehe die Welt, aus der sie kommt, als sehr hart und berechnend. Ich … ich bin nicht geschaffen für eine solche Welt. Ich bin zu dünnhäutig.“

Vage erinnerte sie sich an diese vielen Dinge in der Anderswelt, aus der sie kam, die Regeln, die man zu befolgen hatte, und sie verspürte diesen ungeheuerlichen Druck, alldem nicht gerecht zu werden. Sie beobachtete, wie dieses Wesen von Lähmung, Resignation und Rückzug geprägt war. Die Müdigkeit dieses Anteils zog lähmende Bahnen durch ihren Körper, sie fiel in einen leichten Schlaf und wachte erst am späten Nachmittag mit Appetit und Lust auf Bewegung auf. In dem kleinen See unterhalb des Wasserfalls schwamm sie einige Runden und tauchte bis zum Grund. Das Wasser war eiskalt. Es war Zeit, diese Stimmen zum Schweigen zu bringen, dachte sie. Was für ein Ballast, den sie da seit vielen Jahren mit sich herumtrug.

Aber schon hörte sie die nächste Stimme, die sich äußern wollte.

„Ich hasse ihre Unverschämtheit, so viel für sich einzufordern – warum kann sie sich nicht wie alle andern Frauen ihrem Schicksal beugen! Jahrtausendelang haben Frauen Schmerzen hingenommen, haben den Männern gedient und ihnen ihr Bestes gegeben. Nun meint sie, sie habe das Recht, diese Linie der Frauen zu durchbrechen. Frauen sind auf der Welt, um zu dienen. Wir Männer geben ihnen dafür das große Geschenk der Sicherheit und der Liebe. Keine Frau kann sich selbst führen."

Diese Stimme kam ihr so bekannt vor. Der versteckte Tausch in dem gegenseitigen Geben und Nehmen verursachte ihr Übelkeit. „Wenn du mir dieses gibst, werde ich für dich sorgen. Wenn du dich so oder so verhältst, schaue ich nach dir. Und wenn nicht …", sie fühlte die unausgesprochene Drohung. „Wenn nicht, dann verstoßen wir dich. Du wirst es büßen. Du wirst den Preis zahlen müssen, wenn du das Gesetz unserer Ordnung brichst. Wir werden dich für verrückt erklären …"

Sie lief einige Schritte über das weiche Moos, und während sie sich bückte, um von den blauen Beeren zu pflücken, hörte sie eine andere laut urteilende Stimme.

„Diese Welt ist keine grundsätzlich gute Welt. Das Gute geschieht nicht von selbst und ist nicht selbstverständlich, es geschieht nur, wenn man hart dafür arbeitet. Ich kontrollierte dein Leben und die Welt um dich herum, um das Überleben zu sichern. Ich hasse unerwartete Dinge und es ist mir wichtig, immer den Überblick zu bewahren. Mit diesem chaotischen Impuls, dem du folgst, bringst du uns alle in Gefahr. Deine Handlungen entspringen keiner Logik. Du bist unverschämt in der Art, wie du Wahrheiten erschaffst und dich nicht um die Gesetze der Tradition kümmerst. Und doch gibt uns das Chaos einen Impuls." Für einen Moment spürte sie die Liebe dieser Stimme, ihre tiefe, verehrende und auch von ihr abhängige Liebe. Sie konnte sehen, wie verknöchert und grau die Welt war, welche ohne ihre Lebendigkeit verloren schien. Dann aber schloss sich der Spalt und die Kontrolle kontrahierte sich mit noch stärkerem Druck. „Nein. Es kann nicht sein, diesen Fluss einfach strömen zu lassen. Er reißt uns alle ins Ungewisse. Jemand muss dir Einhalt gebieten. Einer muss dich in die Form zwingen, zu deinem eigenen Wohl und zum Wohl aller."

Kontrolle! Sie spürte ihre Präsenz in ihren Muskeln, die Spannung, die Härte, und auch die Kraft. In dieser Energie war sie handlungsfähig, bestimmt und geschätzt als Frau in der Gesellschaft. Sie stellte Forderungen und wusste immer, was es als Nächstes zu tun galt. Etwaigkeiten und Unvorhergesehenes ließ sie erst gar nicht zu. Keine der Stimmen bisher war so polar zu dem, was sie hier, am Fluss und an der Lichtung seit Tagen erlebte, in der ruhigen, fließenden Zeitlosigkeit, welche die Ewigkeit ihr schenkte. Erstaunt bemerkte sie, wie Männer aller Weisheitstraditionen sich dieser Form von Autorität bedienten.

Merkmal ihrer Wirkweise war der Satz: „Zum Wohle aller“.

Zum Wohle aller. Zum Wohle aller.

Sie hörte diesen Satz wie ein Mantra in ihrem Herz klopfen und Übelkeit überfiel sie, während Bilder von Kreuzzügen und Erniedrigungen, von Folter und Qualen an ihrem inneren Seelenauge vorbeizogen und das Mantra unbeirrt vor sich hin tönte: „Es ist zum Wohle aller. Verstehe das doch. Es muss so sein. Die Eine muss für das große Ganze geopfert werden. Bring auch du dein Opfer. Es ist zum Wohle aller.“ Sie stand vor der größten Lüge der Menschheitsgeschichte. Ganze Kulturen, Rassen, Tierarten waren so ausgerottet und zerstört worden. „Zum Wohle aller. Halte still. Mische dich nicht ein. Du verstehst das nicht. Es muss dich nicht kümmern, dir wird nichts geschehen. Mach die Augen zu. Es ist zum Wohle aller.“ Und dahinter sah sie plötzlich die pervertierte, machtgetriebene, kranke Menschheitsseele in ihrem wahren Gesicht. Und nun geschah etwas Sonderbares. Aus der Erde schien die Kraft einer riesigen Schlange in ihren Körper zu strömen, und sie erhob sich und berührte ihr Maul mit ihrem Fuß. Über ihr kreiste der Falke und schrie laut und klar. „Darf ich es tun?“ fragte sie ihn. „Du musst es tun“, schien er zu antworten. „Damit es ein und für alle Mal vorbei ist.“ Sie richtete sich auf und schloss die Augen. Die Kraft des Universums bündelte sich in ihrem Herzen, und so wie ganz am Anfang der Reise die reine Elektrizität des alten Weisen in der Tundra in sie hineingeströmt war, fühlte sie nun die Weite des Weltalls in ihr Herz hineinfließen, und gleichzeitig gelang es ihr ganz leicht, ihren materiellen

Körper aus seiner Verdichtung zu lösen und den weiten Raum zu bewohnen. Die Stelle, an der sie mit ihrem Fuß das Maul der Erdenschlange berührte, zuckte mit silbernen Energieströmen, gleich einem Blitz konzentrierter Willenskraft. Sie blickte in das Gesicht der Schlange und sagte laut und deutlich: „Ich verfluche dich". Während sie den Fluch sprach, fühlte sie den Segen, der darin lag, dem Spiel der Erde ein Ende zu bereiten. „Es dient dem Wohle aller. Es dient dem Frieden …" ächzte der fratzenhafte, wesenlose Mann, zu dem sich die Schlange nun verwandelte. „Es dient niemandem", sagte sie und richtete den Strahl ihres Herzens weiter auf seine Umwandlung: „Du wirst jetzt Mensch werden." Dazu verfluche ich dich. Und dazu gebe ich dir meinen Segen." Die Schlange verlor ihre Haut in brennenden Fetzen und zischte gleich glühendem Dampf.

„Ich wollte … die Erleuchtung", sagte eine Stimme, die aus den Resten der in sich verglühenden Schlange kam. „Ich wollte doch nur die Erleuchtung, zum Wohle aller Wesen."

„Du wolltest Macht. Du hast den Willen für deine persönliche Selbsterhebung eingesetzt", sagte sie still und ohne Emotion. Sie sah nun den Verlauf der Welt, befreit von dem Trieb des falschen Willens. Du warst in Eigensinn und Selbstinteresse geblendet und hast andere geblendet. Du hast verführt. Du hast Menschen von deinem gleißenden Licht abhängig gemacht. Mein Fluch soll dich bis in die Tiefe der Erde verfolgen, dort wo du lernst, dem Menschenwesen zu dienen und selbst ein fühlender Mensch zu werden. Ich segne dich, möge tiefe, ungestüme Leidenschaft und Emotion der

Stoff sein, aus dem dein neuer Erdenkörper erschaffen wird. Du wirst viele Leben heimatlos herumirren und all das, was du zerstört hast, wieder gutzumachen haben.

„Verzeih mir", ächzte es aus den letzten Resten der absterbenden Schlangenhaut.

„Niemand kann dir das verzeihen. Es gibt niemanden, der dich erlöst. Deine Erlösung musst du in dem Ausgleich deiner Taten bewirken, in dem du lernst, der Liebe zu dienen. Dazu wirst du auf dem Boden kriechen, und jede deiner Taten wird ein Schritt zu deiner Vollkommenheit werden, welche von nun an niemals wieder nur deine eigene Erleuchtung sein wird, sondern jeden Menschen umschließt. Du wirst transparent werden, sodass jede deiner Triebe, Handlungen und Begierden für alle sichtbar sind. Und es liegt an der Umkehr deines Willens, deiner Gier nach Licht, welche dich umbildet zu einem gewöhnlichen Menschen, einem Menschen, der namenlos das Recht auf einen Namen sich erst erwirbt durch Taten aus Demut und Liebe. Der Fluch, den ich dir auferlege, ist die Kraft, die ich in dich gieße, der zu werden, der du bist. Und auch mir ist meine Prüfung, mein Fluch und mein Segen auferlegt. Gehe nun. Und komme mir nie wieder unter die Augen."

Erschöpft setzte sie sich auf den warmen Stein und beobachtete, wie die letzten Reste der Schlange verglühten und sich auflösten. Der Falke streifte ihr Haar und schien zu sagen: Nimm es nicht dramatisch. Wir alle sterben. Dazu sind wir bestimmt. Das Leben beginnt hier an dieser Stelle. Du hast ihm das Leben geschenkt, indem du ihm das falsche Leben endgültig genommen hast. Nun erinnere dich daran, was die Stimme der Erkenntnis sagte, lass geschehen, was geschieht und gib dem, was geschehen ist, keine weitere Bedeutung.

Während die Sonne sich langsam zurückzog und der Wald in blaues Licht getaucht vor ihr lag, kitzelte sie die laue Abendluft mit unendlicher Zärtlichkeit und Sanftheit. Auf ihrer Haut verspürte sie perlende Bewegungen, so als wäre sie ein Grashalm, der im Wind bewegt wurde. Ihr Traum war tief und sie schlief wohlig geborgen und ohne Sorge.

KAPITEL 8: DIE HÄUTUNG

„L'Homme est un être de transition; il n'est pas le stade ultime ni le couronnement de l'existence sur la terre..."

- Sri Aurobindo

Als sie am nächsten Morgen aufwachte, war ihr, als hätte sich der Falke in der Nacht zu ihr niedergelegt und ihrem Körper Wärme und Halt gegeben. Nichts deutete darauf hin, außer dem wohligen Gefühl, das sie fortan mit sich trug und einer Erinnerung an sein Gesicht, welches strahlend schön und ewig jung aus Sternenwelten zu ihr blickte und sagten „Ich schaue auf dich. Ich lasse dich nicht aus meinen Augen". Während sie dem Impuls folgte, weiterzuziehen und wie jedes Mal dem Ort achtsam und liebevoll dankte für alles, was sie dort erleben durfte, hörte sie eine ganz sanfte, leise Stimme, die sie den ganzen Tag auf ihrer Wanderschaft begleitete.

„Ich habe lange, lange geschlafen. Eigentlich bin ich noch gar nicht geboren, ich beginne gerade erst, meine Zehen zu recken und den Duft dieser Welt einzuatmen. Mein Ursprung ist Licht – ätherisch-durchlässig und zart, ich bewege mich frei und fließend und habe keine feste Form. Aber ich bin gern in diesem Körper. Wenn ich da bin, wird alles ganz anmutig, weich und hingebungsvoll. Ich bin der Regen, der die kleinen Wurzeln in der Erde kitzelt, ich bin die Sonne, die die Blütenknospen küsst und sie mit ihrer Zartheit zum Leben weckt. Ich bin zart, aber ich bin auch der Vulkan, loderndes Feuer, das alles vernichtet. Ich bin die Einheit der Naturgewalt, ich bin die große Lebenskraft der Mutter Erde. Ich bin das mächtige Becken, welches Kinder gebärt – aber ich bin auch die zarten Hände, die das Neugeborene willkommen heißen. Ich bin Schöpfungskraft und Zeugungskraft und weiß, dass Leben beständige Wandlung ist."

Was jetzt geschah, glich einer Geburt. Die zarte, erwachende Stimme gewann an Kraft und Intensität und je mehr sie ihr Raum gab, desto mehr breitete sie sich in ihrem Körper aus:

„Ich erwache wieder und schenke dir fortan die Kraft, mit neuem Willen in die Welt einzuwirken." Aus der zarten Energie wurde eine brodelnde Feuerkraft, die sich im Becken sammelte und unter ihrem Bauchnabel zu einem gelben Sonnenball zentrierte. Aus dem lodernden Rot kam eine bläuliche Nuance hinzu, die sich eigentümlich kühl und angenehm in ihrer Stirn ausbreitete.

„Für die Welt ist die Kraft, die ich dir bringe, gleich einer wütenden Furie. Ich bin aus Liebe stahlhart geschmiedet und ich setze Grenzen, wo es sein muss. Ich trenne und treffe Unterscheidungen. Ich helfe dir, mutig und alleine in der Welt stehen zu können und Autorität zu entwickeln. Ich habe einen scharfen Verstand, bin blitzschnell im Handeln und hellwach."

In ihrem Körper geschahen jetzt sonderbare Dinge. Sie legte sich auf die Erde und blickte in den weiten Abendhimmel. Sie erlaubte den Farbverwirbelungen, die sich in ihrem Körper zentrierten, ausdehnten und neu ordneten freien Lauf. Was hätte sie auch anderes tun können. Sie spürte, wie ihr gesamtes Körperfeld von diesem blauen, aus dem Becken angesammelten Licht durchströmt wurde, wie es erst rot brannte und mit Blau vermischt wurde, bis sich nach vielen Stunden in ihrem Herzen etwas bildete, das grünlich schimmerte. Sie lief beschwingt und kam schnell voran.

„Deine Angst blockierte alles. Das Leben wird fließen im Überfluss, wenn du diese Ängste in ein großes Ja, in einen Akt des Vertrauens auflöst, aus der großen Lebensfülle heraus, ein JA zum Leben. Vertraue mir. Bitte sei bereit, zu vertrauen."

Erstaunt gab sie den gold-hellrosa leuchtenden Funken in ihrer Herzensmitte Raum und so, wie es sich das Herz ausdehnte, strahlte es in den Umraum heraus.

„Ich kann nichts trennen – in meiner Herzensmitte gibt es nur das All – es gibt dort kein Ich und Du und alles, was im Außen geschieht, bin auch Ich im Innen. Meine Liebe ist unendlich, sie trägt alles, duldet alles, und du wirst, wenn du mir vertraust, nie verletzt. Jede alte Idee von Verletztheit nehme ich tief in meinen Atem und verwandle sie in neue Liebe.

Dein wahrer und letzter Schmerz ist das Nicht-Wahrhaben-Wollen der Realität, so wie sie ist, denn sie ist weder licht noch dunkel, weder gut noch böse – ES ist. Ich – die Liebe – beschönige nicht. Ich sehe die Dunkelheiten und auch die größten Dämonen und sehe alles als einen Teil von Leben. Wenn du dich schützen möchtest, dann bin ich ein guter Weg; denn in mir ist dein Herz vollkommen offen. Nichts Persönliches vermag dich noch zu binden, denn hier findest du transpersonale Liebe, hier beginnst du Schöpfungswillen zu empfangen. In mir wirst du Ruhe finden und die Kraft, loszulassen, weil in mir alles gut ist, alles ist vollkommen."

Die Luft wurde feucht, salzig fast, und sie vertraute ihrer Navigation inzwischen in vollkommener Weise. Der Körper war ein Instrument geworden, welches besser wusste als ihr Verstand, wann er Ruhe und wann er Nahrung brauchte, und so lief sie gestärkt und ohne den Ballast des inneren Widerstands, bis sich das Meer vor ihr ausbreitete.

Das weite Meer. Viele Tage lagerte sie an der Küste und hörte den Wesen des tiefen Ozeans zu, sah die Delfine in der Ferne springen und fühlte das dröhnende Brummen der Wale, wenn sie in der Tiefe vorbeizogen. Das Wasser, in dem sie viele Stunden ausdauernd badete, vibrierte geradezu von leuchtender Lebensfreude. Wenn sie die Delfine draußen beim Spielen hörte, berührten sie ihre Klicklaute in Form von Schallwellen am ganzen Körper, obwohl sie viele hunderte Meter weit entfernt waren. Manchmal kitzelte sie die Vibration der sonoren Geräusche, der Vibration von Klängen so sehr, dass sie lachen musste, bis die Tränen flossen und sich das salzige Meer mit dem Wasser ihres Körpers vermischte. Auf ihrem Körper bildeten sich Krusten von getrocknetem Salz und eine Schicht ihrer sonnenverbrannten Haut fiel eines Tages in ganzen Fetzen ins Wasser.

Die neue Haut war leuchtend rein und stark. Seelenhaut hatte sich gebildet.

Gerne beobachte sie die stillen alten Fischer am frühen Morgen bei ihrem Fischgang und das Schlafen am schwarzen Lavastrand wurde ihr vertraut. Als eines Tages die drei Männer zum ersten Mal auftauchten, erschrak sie, denn es waren die ersten Menschen seit Beginn ihrer Reise, die ungleich der schweigsamen Wanderer und der einsamen Fischer, etwas von dem Feuer der Menschen, der lebendigen-liebenden Menschenwesen verkörperten. Sie strahlten Wildheit, Mut und Lebenskraft aus, und fast unverhohlen beobachtete sie jede ihrer Regungen, diese braun gebrannten Körper mit ihrem Geruch von Freiheit und Ungebundensein. Sie bemerkte einen neuen Hunger nach Leben, der sich durch ihre Haut zog und sich in den Muskeln ihres Körpers zu Vitalität und Bereitschaft verwandelte, ein Hunger, der sie fühlen ließ, wie diese neue Haut, welche ihr Wesen nun umspannte, bereit war, Menschenhaut zu berühren. Das Meer hatte sie weich gespült, liebkost und umfangen. Nun erwachte die Erinnerung an Kontakt und Verschmelzung mit dem Wesen, das sie bislang am meisten gefürchtet hatte, denn sie wusste: Hier erst würde sie verstehen, ob ihre Reise nicht nur ihrem eigenen Sein, ausgedehnt zwar in die Weiten des Kosmos, sondern auch dem anderen, dem fremden Ich, Gutes bringen würde. Für einen Moment war sie sich nicht sicher, ob der andere sie überhaupt wahrnehmen und sehen konnte, zumal die alten Fischer an ihr vorbeischritten, ohne sie eines Blickes zu würdigen, und sie wohl als Teil des Strandes, der Felsen und der Fische im Wasser zur Kenntnis nahmen, ohne ihr weitere Bedeutung zuzumessen. Die drei Männer aber waren anders.

Sie waren unten gewesen am Meeresboden, in ihrer Welt, dort wo ihre große Leidenschaft pochte in ihrem

Element. Sie waren zu dritt da unten als Kumpanen. Musketiere der Meerestiefen.

Sie rochen förmlich nach Salzhaut, Algen und Sonne. Und sie waren ganz in ihrer Welt, es gab nichts außerhalb. Die Männer waren absolut entspannt, trotz der Festigkeit ihrer Muskeln. Und entspannt und ekstatisch verbunden mit ihrem Feld des Mannseins in einem gemeinsamen Sein, dem Meeresgrund, dem Rausch der Tiefe in bedingungsloser Freiheit und Kameradschaft. Sie wussten sich unbeobachtet und ungestört in ihrer stillen Übereinkunft unter Männern, gleich eines eigenen Universums, das sie bewohnten. Sie zweifelte, ob sie überhaupt von Bedeutung für sie wäre und falls ja, was hatte sie ihnen anzubieten?

Tiefste Zufriedenheit mit dem Nichts: keine Menschen, keine Häuser, keine Frau, keine Kinder und kein kompliziertes Essen. Sie spürte ihr Glück. Es war außerhalb von ihr und von den Frauen und vielleicht gerade deshalb das Schönste, ja Intimste, was sie sich über das Wesen des Mannes vorstellen konnte. Und sie bezeugte es, dieses Glück, so wie der Falke sie bezeugt hatte auf ihrer Reise.

Hier hörte sie die Stimme der Liebe zu ihr sprechen.

„Das Leben ist nichts Statisches. Es ist in jedem Augenblick ein Geschenk. Weil die alte Welt, aus der du gekommen bist, den beständigen Tod nicht aushält, hat sie Gesetze der Kontinuität geschaffen, welche vorgaukeln, die Dinge hätten Bestand. Aber in Wahrheit hat nichts Bestand. Alles ist Wandel, Veränderung, Bewegung, jeder Tag schafft neue Blüten, die sich wieder zerstören und aus jeder Tat erschließen sich Samenkörner, die zu neuem Leben führen. Wenn etwas zu

Ende ist, ist das schmerzvoll und gut zugleich, denn alles hat seine Zeit. Die Gesetze der alten Welt hielten dich im Scheinglauben, mit ihren Absicherungen und Versprechungen Sicherheit zu schenken. Eine solche Sicherheit gibt es nicht, denn überall wartet der Tod. Schau dir die Männer an. Sie wissen von diesem Tod. Jeder von Ihnen hat ihn einmal schon erlebt, hat einmal die eine Frau, das eine Kind, seinen Vater, seine Mutter, in seinen Armen sterben sehen. Sie blicken ihm mit jedem Tauchgang in die Augen, deshalb sind sie frei. Sie haben das Leben und das, was sie am meisten lieben losgelassen. Sie wissen, es gibt nur diesen einen Augenblick, und der ist ganz und vollkommen, weil er von dir gelebt sein will. Alles hat seinen Sinn und seine Zeit. Man kann die Dinge nicht beschleunigen und verändern, indem man sie festhält und kontrolliert.

Ich habe dir auf dieser Reise geholfen, Vertrauen zu finden in eine neue Lebensform, da, wo du jetzt Schöpferin geworden bist, das zu erschaffen was werden will, frei von jeglicher Abhängigkeit und Bindung.

Willst du diese Männer lieben? Dann liebe sie. Halte nichts zurück. Willst du weiter ziehen und ihr Bild in dir wirken lassen, es bewegen und mit einem Hauch deines Herzens segnen – dann segne sie – und gehe deinen Weg. Ich bin gekommen, um dir zu sagen: Du bist jetzt frei, jetzt, alles zu tun, was zu tun es dich drängt. Der Drang, der sich deiner bemächtigt, ist ein Strom von Liebe der Leben erschaffen will, in dem er Leben fühlbar macht. Du bist nun Herrin deines eigenen Daseins. Erschaffe, was der Liebe dient."

Das war alles? Dieser Drang, ja sie fühlte ihn wie pulsierende Feuer durch ihren Körper ziehen und Gestaltungswille regte sich, erschüttert blickte sie auf das klare Wasser und die riesigen Felsen und verstand, dass dies die Göttin war, welche sie so lange gesucht hatte und die in keinem Tempel und keinem Orden zu finden war. Sachte legte sie ihre Hände auf das kühle Klippengestein und fühlte die Pulsation von Erde in sie hineinströmen. „Erlöse mich", schien die Göttin zu rufen, „erlöse mich aus meinem Bann, in die Materie verbannt zu sein. Nimm mich in dein Bewusstsein auf, bringe mich in deinen Körper und bewege mich, atme mich, denke mich, schöpfe mich neu. Liebe. Liebe. Lass Liebe durch deinen Körper fließen und bringe mich zu den Menschen."

Beziehungen, Männer und Frauen: die Liebe, das alles schien so riesig und schmerzvoll, weil die Welt Trennung und Hingabe als Gegensätze stigmatisiert. Konnte es sein, dass sie sich immer nur davor gefürchtet hatte, zu lieben? Nicht primär verletzt, abgelehnt oder missverstanden zu werden, nein, im Gegenteil, hatte sie nicht viel mehr Furcht empfunden, sich dem Anderen hinzugeben in dem Strahlen dieser Liebe, der Ekstase, geboren aus dem einzigen Wunsch, Materie zu durchlichten, zu öffnen, frei in den großen kosmischen Atem zu bringen?

Hinter der Angst stand nie etwas anderes als der Wunsch, frei von Kontrolle und Abhängigkeit zu leben und Leben zu schenken, jedem Wesen, auch diesem Mann da unten am Strand.

Alles ist möglich in dieser neuen Lebensform, bemerkte sie. Es gibt keine Gelübde mehr.

Sie bemerkte die Veränderung in der inneren Zwiesprache. So lange war sie eine, die namenlos, sich selbst beobachtend, ausgezogen war, sich hinzugeben, damit das Größere in ihr einziehen würde. Wie lange waren diese Monologe über die junge Frau oder die alte Weise Kameradschaft und Trost gewesen? Nun sprach es in ihr Selbst als ein Ich. War sie nun Zuhörende oder Schöpfende? Wer sprach mit wem?

Ich weiß jetzt, dass hinter allen Verletzungen, Verleumdungen, Anschuldigungen und Erwartungen die Liebe wohnt. Die Liebe, die darauf wartet, erlöst zu werden von den Spielen der Menschen, welche sie missbrauchen aus Furcht vor ihrer Intensität.

Angst, von der Liebe nach Hause gerufen zu werden, an den Ort, nach dem sich die Menschen so sehr sehnen. Angst vor ihrer Allmacht und der schamlosen geöffneten Echtheit des Seins. Vor ihrer Zerstörungskraft, alles mit sich zu reißen, was sich gegen sie wehren will.

Wieder dieses Ich. Sie spürte dem nach und fühlte eine unbändige Kraft in sich erwachen. Hunger nach Leben: Ich-bin! Ich-lebe. Ich-fühle!

Es ist. Und zugleich war sie eins, ungetrennt von den Wellen, die in ihrer Wucht gegen das Ufer schlugen. Sie war die Möwe, die hoch über ihr schrie und nach Nahrung für ihre Kinder suchte, sie war die Fischer in ihrer stillen Genügsamkeit, und sie war die Taucher in ihrem erotischen Lebensdrang.

Sie war die gewaltigen Lavamassen im Landesinnern, welche alles zerstört hatten, was an fruchtbarem Boden und Leben gewachsen war. Sie wurde die Liebe selbst.

„Ja", rief sie laut in die tosende Brandung, „Leben ist ein gewaltiges Risiko, für diejenige, die es festhält". Für den, der sich von dieser Kraft mitreißen lässt, der weiß, dass wir alle eingebunden sind in eine Intelligenz, die der Vorstellung von Liebe weit überlegen ist. Für ihn wird das Leben zum täglichen Geschenk, welches das Menschsein in einen neuen Morgen führt.

Der Glaube an die immer erneut von Menschen hervorgehobene Trennung, die bewusst und selektiv ausgrenzt, abspaltet und fernhält, um Sicherheit und Übersicht zu bewahren, floss von ihr ab. Löste sich auf im tosenden Meer und blickte ihr in anmutigem Meeresschaum entgegen:

„Das echte Leben ist immer im Moment, gewaltig und groß, schmerzvoll und voller Freude."

Freude!

Sie fühlte leuchtende liebende unbändige Freude.

Und immer wieder Tod. Weil sie beides wurde, in diesen Stunden am Meer: Das Leben, welches dann stirbt, wenn man es auch nur für eine Sekunde festhält und dann aufblüht, wenn man es loslässt, um wiederum zu sterben. Sie entscheidet sich nun täglich und stündlich für Leben oder Tod. Mitten im Leben, nicht am Ende.

Jetzt: ein atemberaubendes Durcheinander und Chaos von Zeit und Nicht-Zeit, Liebe und Leere, Wollen und ruhendem Sein, wirbelnde Tänze von Energien, die in ihrem Körper prickelnd ihre Bahnen zogen.

Ist das Herz offen, oder hältst du es verschlossen, um etwas für dich zu behalten?

Werde ich fortan segnen oder Liebe zurückhalten?

Lange blickte sie in die glutrote Sonne, die sich in das Meer hinein senkte, und neigte ihre Stirn auf den

Boden. Sie würde der Liebe dienen. Sie würde sie nicht länger von sich weisen. Sie blickte auf die Taucher, die von ihrem Gang in die Tiefe an Land zurückkehrten, und sie versprach ihrer Seele: Ich werde lieben, wenn der Ruf der Liebe mich zu dir holt.

Sie wusste nun, was zu tun war und bereitete sich vor, den Männern zu begegnen.

KAPITEL 9: DER WILLE ZU LIEBEN

„When you imagine with all your hearts brilliance and meaty courage, you will be claimed by darkly-feathered hands of unchained angels who come to take you hard, down into the deep caves of what flushes your delicate skin, dampens your palms. Wakes you like a raging dream come to carry you by shimmering forces unknown. Here, you will know you have no choice. Finally. You are free. This is what you are for. If you're ready enough, let this Trouble take you to your knees. With your sweaty full attention, imagine how you'd kiss the plump, pink lips of your tender soul. But wait. Remember: This is not about you. You are being used by Every Thing. This is what you are for. Once remembered, you will draw into your being the throb you came here to taste. The one way of belonging that is yours to make matter. This is what you are for. The broken-hearted, glistening hum of your taught, tangled body will give off a fragrant, unruly intelligence beyond the Machine's measure of right, wrong, reason. This is what you are for. Do not take a seat. She is ready for you. The soul of the world will see you now. What have you come to give her?"

- Melissa La Flamme

Die Taucher hatten sich, wie jeden Abend am Strand, ein Feuer angezündet und ihre Gitarren hervorgeholt. Sie fühlte sich unbeholfen, als sie zu ihnen lief und war erleichtert, als ihre Gegenwart mit einem freundlichen Lächeln begrüßt wurde. Sie setzte sich an den ihr angebotenen Platz am Feuer und atmete tief ein.

„Du bist es immer noch gewohnt, dass du etwas Besonderes darstellen musst, nicht wahr?“ fragte sie die Stimme der Liebe sanft. Sie lächelte über ihre eigene Anspannung, die sich sofort verflüchtigte. Die Taucher lächelten ihr ermutigend zu, als hätten sie die sanfte Welle von Entspannung in ihr bemerkt. Wovor fürchtete sie sich noch? Die Männer unterhielten sich in einer fremden Sprache und lachten ab und zu herzlich, manchmal waren sie auch längere Augenblicke still. Die Ruhe zwischen ihnen war wohltuend und angenehm warm.

„Du fürchtest dich davor, dass ich von dir und deinem Körper Besitz nehme. Du fürchtest dich vor der Hingabe deines Selbst, die im Wesenskern Liebe ist, an mich, die große Unbekannte, die du vergessen hast“.

Ein Schauer ließ sie frösteln. Nach ihrer Reise, hier an diesem Strand, gab es keine Verhaltensregeln mehr, auf die sie sich hätte stützen können. Niemand konnte ihr jetzt sagen, wohin diese Nacht führen würde. Alles kokettierende Verhalten war von ihr abgefallen. Wie überhaupt würde sie mit diesen Männern sprechen? Keine Angst vor Zurückweisung und keine Angst, von ihnen verlockt zu werden. Kein Drang, etwas zu tun und kein Bedürfnis, etwas nicht zu tun. Was also würde Maßstab sein für das, was zwischen ihnen sein wollte? Einer der Männer schien ihren Zwiespalt zu fühlen und legte ihr kameradschaftlich eine Decke um ihre Schultern. Etwas länger als nötig hielt er dabei ihren Nacken, und sie fühlte die Kraft seiner Hände wie einen elektrischen Schlag. Er setzte sich neben sie und blickte dabei ins Feuer. Sein Körper war stark, elastisch von den vielen Tauchgängen und glänzend reingewaschen vom salzigen Meer. Voller Bewunderung blickte sie jetzt offen zu ihm und ließ die Freude über ihr Zusammensein, die sie so tief in sich fühlte, durch ihre Augen strömen. „Si, corazon", murmelte er. Die anderen beiden waren in ihr Gitarrenspiel vertieft und sangen mit rauhen Stimmen ein Lied, das sich in immer neuen Variationen wiederholte.

‚Ich hatte Angst, zu lieben', dachte sie zu sich selbst. ‚Ich fürchte mich, ich fürchte mich vor dem Erhabensten, Einfachsten, Schönsten und Natürlichsten, wozu ich Mensch geschaffen bin'. Als hätte er ihre Gedanken gehört, blickte er auf und schaute ihr direkt in die Augen. Sein Blick war sanft und voller Zärtlichkeit. Unbeugsam, still, friedvoll. Als würde er zu ihr sagen: „Endlich. Endlich hast du mich gehört. Wie lange suche ich dich schon und wie viele Äonen von Lichtjahren warte ich auf diesen Augenblick." Die beiden anderen legten ihre Gitarren zur Seite und schauten entspannt und friedvoll in den Himmel. Ab und zu fiel eine Sternschnuppe, und das Feuer brannte allmählich zu einer Glut herunter. „Ich hatte Angst, mich durch Liebe zu binden", bemerkte sie. Wie oft hatte sie die Liebe der Männer und der Menschen wie eine Vereinnahmung empfunden. Erst die Verehrung, der magnetische Sog, und dann die Umkehr in das blanke Gegenteil. Sie hatte es nie verstehen können. Wenn sie liebte, so wie sie geboren war zu lieben, gab sie alles. Und sie nahm alles an. Dann aber drehte sie sich um und ging. So war es gewesen, bis zu dem Tag, wo sie blieb und ihre Seele müde wurde in dem Versprechen einer Bindung, welche die Liebe selbst nur eng und klamm machte. Der Himmel war so weit. Dankbar blickte sie nach oben. Die Liebe hatte sie in dieses grenzenlose Universum geführt, in dem sie sich so zu Hause wusste. Ihre Gliedmaßen, die elastischen Partien von Haut und Berührungsfläche, atmendes kristallisiertes Bewusstsein. Durch die Poren ihrer Seelenhaut konnte sie sich selbst hinausatmen in die Weite der kosmischen Mutter, in deren Schoss sie sich befanden. Sie saß nun angelehnt an den Mann neben ihr und war dankbar um die Wärme seines Körpers. Sie fühlte die Liebe in ihrem Körper zirkulieren, neue Bahnen formen, pulsierend, sprudelnd. Pure Lebenskraft. Tränen liefen ihr über das Gesicht, als sie sich dem Taucher zuwandte, seine langen verfilzten Rastalocken berührte und zu ihm flüsterte: „Auch ich habe so lange darauf gewartet. So lange. Ich war so einsam. Nun hast du mich gefunden."

Was sagte sie da? Worauf hatte sie gewartet? Doch nicht etwa auf diesen unbekannten Mann mit seiner goldbronzenen Haut, den vielen Tätowierungen und einem sanften Blick, der immer auf die Weite des Meeres gerichtet war. War es nicht ein anderer gewesen, der sie auf die Reise schickte? Irritiert blickte sie nochmals zu dem Taucher neben ihr. Sie atmete in seine Haut und fühlte, wie zwischen ihnen dasselbe Licht pulsierte wie damals in der Steppe bei dem alten Mann. Seine Augen streiften ihren Blick und er lächelte amüsiert. „Wer bist du?", fragte sie still. Wer ist dieser Mann, fragte ihr kleines Herz. Und die große kosmische Mutter antwortete: „Es ist der Mann, auf den du immer gewartet hast." In ihrem Kopf drehte sich alles, und gleich Sternenwirbeln fühlte sie einen Sog, der sie hinaus zog in die Weite des leuchtenden Sternenhimmels. Während sie in der Dunkelheit des Universums vibrierte und Raum einnahm, spürte sie die köstliche, halt spendende Kraft, die von ihm ausging. Er stocherte mit seinem Stock in der Glut des Feuers und blickte sie nicht an.

„Wirst du bleiben?“, schien er zu fragen. „Oder wirst du dich umdrehen und vergessen, alles vergessen, was an Gutem und Wahren und Schönen zwischen uns war?“ Sie zitterte erneut. Dieser Satz, sie hatte ihn so oft schon gehört. Sein Gesicht verschwamm und seine Augen wurden zu den Augen eines jeden Mannes, der sie in ihrem Leben geliebt hatte. Sie fühlte diese unfassbare Zärtlichkeit, die Bereitschaft, sie anzubeten, sich vor ihr hinzuknien und nur das Eine zu sagen: „Ich will, dass du glücklich bist. Dafür gebe ich mein Leben“. Die anderen Männer legten sich nahe der Glut unter ihre leichten Decken und lagen so noch eine Weile mit offenen Augen, der weite Himmel über Ihnen. Sie waren Wesen der Freiheit, dem unendlichen Raum zugewandt, unbeugsam und stark, niemandem zu etwas verpflichtet. „Dein Problem, meine Liebe“, schien der Mann vor ihr zu sagen, „dein Problem war immer nur, dass du nicht wusstest, wohin mit dieser Liebe“. Nun schluchzte sie ungehemmt und legte ihren Kopf auf seinen Schoss. Sie erinnerte sich an alles, was geschehen war. Wie viele Äonen von Jahren hatte sie diesen winzigen Erdplaneten geatmet und in Geburtswehen hervorgebracht. Und irgendwann hatte sie vergessen, wer sie war. Sie hatte den himmlischen Geliebten vergessen und ihren Ursprung und war so tief in die Materie der Erde eingetaucht, dass sie vergaß, wer sie war und wozu sie bestimmt war. Wie viele Jahre hatte sie dort, gebannt in die Materie, selbst gewartet auf diesen Tag? Er hielt sie eine Weile und streichelte sanft ihren Kopf, bis auch er fühlte, wie eine neue Kraft durch ihren Körper floss. Sanft zog er sie hoch, blickte ihr durchdringend in die Augen und schien zu sagen: „Verneige dich niemals wieder vor mir". Er neigte sein Haupt und legte seine Hände auf ihre Schultern. Sie berührte seine Schultern mit ihren Händen und blickte ihm fest in die Augen. „Ja", sagte sie. „Ja, ich segne dich fortan". Ich will dich segnen. Und während sie seine Schultern hielt und ihn segnete, sah sie seine Tränen und die Tränen aller Männer und sie wusste, es war vollbracht. Die Liebe würde niemals wieder heimatlos sein auf Erden.

In der Nacht träumte sie von der jungen Frau, die verstoßen am Meeresgrund gelegen hatte und immer wieder von einem Fischer, der sie suchte. Der alte Mythos trat in ihren Traum und erzählte ihrer Seele die Geschichte, wie es war, als

... die Jahre vergingen, bis sich niemand mehr daran erinnern konnte, gegen welches Gesetz das arme Mädchen verstoßen hatte. Die Leute wussten nur noch, dass ihr Vater sie zur Strafe von einem Felsvorsprung ins Eismeer hinabgestoßen hatte und dass sie ertrunken war. So lag sie für eine lange Zeit am Meeresboden. Die Fische nagten ihr Fleisch bis auf die Knochen ab und fraßen ihre kohlenschwarzen Augen. Blicklos und fleischlos schwebte sie unter den Eisschollen, und ihr Gerippe wurde von der Strömung um- und umgedreht. Die Fischer und Jäger der Gegend hielten sich fern von dieser Bucht, denn es hieß, dass der Geist der Skelettfrau dort umginge. Doch eines Tages kam ein junger Fischer aus einer fernen Gegend hergezogen, der nichts davon wusste. Er ruderte seinen

Kajak in die Bucht, warf seine Angel aus und wartete. Er ahnte ja nicht, dass der Haken seiner Angel sich sogleich in den Rippen des Skeletts verfing! Schon fühlte er den Zug des Gewichts und dachte voll Freude bei sich: ‚Oh, welch ein Glück! Jetzt habe ich einen Riesenfisch an der Angel, von dem ich mich für lange Zeit ernähren kann. Nun muss ich nicht mehr jeden Tag auf die Jagd gehen.'

Das Skelett bäumte sich wild unter dem Wasser auf und versuchte freizukommen, aber je mehr es sich aufbäumte und wehrte, desto unentrinnbarer verstrickte es sich in der langen Angelleine des ahnungslosen Fischers. Das Boot schwankte bedrohlich im aufgewühlten Meer, fast wäre der Fischer über Bord gegangen, aber er zog mit aller Kraft an seiner Angel, er zog und ließ nicht los und hievte das Skelett aus dem Meer empor. „Iii, aiii", schrie der Mann, und sein Herz rutschte ihm in die Hose hinunter, als er sah, was dort zappelnd an seiner Leine hing. Er versetzte dem Scheusal einen Hieb mit seinem Paddel und ruderte, so schnell er es im wilden Gewässer vermochte, an das Meeresufer. Aber das Skelett hing weiterhin an seiner Angelleine, und da der Fischer seine kostbare Angel nicht loslassen wollte, folgte ihm das Skelett, wohin er auch rannte. Über das Eis und Schnee; über Erhebungen und durch Vertiefungen folgte ihm die Skelettfrau mit ihrem entsetzlich klappernden Totengebein. „Weg mit dir", schrie der Fischer und rannte in seiner Angst geradewegs über einige frische Fische, die jemand dort zum Trocknen in die Sonne gelegt hatte. Die Skelettfrau packte ein paar dieser Fische, während sie hinter dem Mann hergeschleift wurde, und steckte sie sich in den Mund, denn sie hatte lange keine Menschenspeise mehr zu sich genommen.

Und dann war der Fischer in seinem Iglu angekommen. In Windeseile kroch er in sein Schneehaus hinein und sank auf das Nachtlager, wo er sich keuchend und stöhnend von dem Schrecken erholte und den Göttern dankte, dass er dem Verderben noch einmal entronnen war.

Im Iglu herrschte vollkommene Finsternis, und so kann man sich vorstellen, was der Fischer empfand, als er seine Öllampe anzündete und nicht weit von sich, in einer Ecke der Hütte, einen völlig durcheinandergeratenen Knochenhaufen liegen sah. Ein Knie der Skelettfrau steckte in den Rippen ihres Brustkorbes, das andere Bein war um ihre Schultern verdreht, und so lag sie da, in seine Angelleine verstrickt.

Was dann über ihn kam und ihn veranlasste, die Knochen zu entwirren und alles vorsichtig an die rechte Stelle zu rücken, wusste der Fischer selbst nicht. Vielleicht lag es an der Einsamkeit der langen Nächte, und vielleicht war es auch das warme Licht seiner Öllampe, in dem der Totenkopf nicht mehr ganz so grässlich aussah, aber der Fischer empfand plötzlich Mitleid mit dem Gerippe.

„Na, na, na", murmelte er leise vor sich hin und verbrachte die halbe Nacht damit, alle Knochen der Skelettfrau behutsam zu entwirren, sie ordentlich zurechtzurücken und sie schließlich sogar in warme Felle zu kleiden, damit sie nicht fror. Danach schlief der Gute erschöpft ein, und während er dalag und träumte, rann eine helle Träne über seine Wange. Dies aber sah die Skelettfrau und kroch heimlich an seine Seite, brachte ihren Mund an die Wange des Mannes und trank die eine Träne, die für sie wie ein Strom war, dessen Wasser den Durst eines ganzen Lebens löscht.

Sie trank und trank, bis ihr Durst gestillt war, und dann ergriff sie das Herz des Mannes, das ebenmäßig und ruhig an seiner Brust klopfte. Sie ergriff das Herz, trommelte mit ihren kalten Knochenhänden darauf und sang ein Lied dazu. „Oh, Fleisch, Fleisch, Fleisch", sang die Skelettfrau. „Oh, Haut, Haut, Haut". Und je länger sie sang, desto mehr Fleisch und Haut legte sich auf ihre Knochen. Sie sang für alles, was ihr Körper brauchte, für einen dichten Haarschopf und kohlenschwarze Augen, eine gute Nase und feine Ohren, für breite Hüften, starke Hände, viele Fettpolster überall und warme, große Brüste.

Und als sie damit fertig war, sang sie die Kleider des Mannes von seinem Leib und kroch zu ihm unter die Decke. Sie gab ihm die mächtige Trommel seines Herzens zurück und schmiegte sich an ihn, Haut an lebendige Haut. So erwachten beide, eng umschlungen, fest aneinandergeklammert.

Die Leute sagen, dass die beiden von diesem Tag an nie Mangel leiden mussten, weil sie von den Freunden der Frau im Wasser, den Geschöpfen des Meeres, ernährt und beschützt wurden. So sagt man bei uns, und viele Leute glauben es heute noch.[1]

War sie am Ende ihrer Reise angekommen?

1. Zitiert nach Clarissa Pinkola Estes; Die Wolfsfrau, S. 139; Heyne Verlag

Kapitel 10: Der neue Morgen

„Letzte Nacht kam es dann wie eine Antwort: Es war, als ließe man mich das MITTEL leben, diese Lüge in Wahrheit zu verwandeln. Das war so freudig ... Es kommt offensichtlich einer Schwingung der Freude [in den Zellen] gleich, die fähig ist, die Schwingung der Lüge aufzulösen und zu überwinden. Es war sehr klar: Nicht die Anstrengung, nicht die Rechtschaffenheit, weder Skrupel noch Starrheit vermögen das – nichts von alledem – das hat überhaupt keine Wirkung auf diese Traurigkeit (es ist eine Traurigkeit) der Lüge, es ist etwas so Trauriges, so MACHTLOSES, so Jammervolles ... (...)

Nur eine Schwingung der Freude vermag das zu ändern. Es [ist] eine Schwingung, die wie silbriges Wasser fließt.

Das bedeutet, dass weder Strenge noch Askese, nicht einmal eine intensive und strenge Aspiration, jede Art von Strenge, dass all das keinerlei Wirkung erzielt – die Lüge bleibt im Hintergrund bestehen, ohne sich zu rühren.

Nur dem Sprudeln der Freude kann sie nicht widerstehen. Ich hatte sogar die Vision von der Art und Weise, wie die Zellen im Innern vibrieren: Es war eine ganz silbrige, sprudelnde, bebende, aber sehr gleichmäßige und präzise Schwingung. Wie soll ich es erklären? ... Es war in den Zellen der Gegensatz zu Lüge. Es war wie winzige Explosionen silbrigen Lichts."

– Mirra Alfassa

Der neue Morgen weckte sie mit der Farbe von Koralle. Ihr Schlaf war tief gewesen, und sie erwachte mit einem Gefühl von Zufriedenheit und Freude. Sie wusste, etwas war geschehen in dieser Nacht, was hinter dem verborgenen Schleier der Dunkelheit darauf wartete, sich im Licht ihres Bewusstseins zu offenbaren.

Die Sonne war noch nicht aufgegangen, aber ihr Licht färbte den schwarzen Strand, die Lavamassen und den weißen Meeresschaum in perlmuttfarbenen Glanz. Die Taucher waren weiter gezogen und hatten sie fürsorglich zugedeckt. Im Feuer glühte die letzte Wärme der Nacht, und noch war der Mond zu sehen und einzelne Sterne, die gerade verblassten. Was war in dieser Nacht geschehen? Sie erinnerte sich an eine Berührung, die voller Anmut und mit der Empfindung von Heimkehr durchwoben war. Sie spürte die Wärme des Mannes, in dessen Armen sie geschlafen hatte und seine sanfte Hautoberfläche, die ihr ein Gegenüber, aber keinen Widerstand geboten hatte, Haut, die mit Haut verschmolzen war und zwei Wesen, die zu Einem ineinander fanden, sich wieder lösten, ohne Willen, der festhalten würde oder einer Geschichte, die den Verlauf der Dinge bestimmen wollte. Es war perfekter Friede in ihrem Körper und eine so große Stille, als wäre auch das Geräusch der Brandung Teil ihres Selbst.

„Ich bin die Stille", dachte sie, „höre alle Geräusche und lasse sie durch mich hindurchziehen, atmend, ohne ihnen einen Namen oder eine Bedeutung zu geben. Was geschieht mit mir? Und da ist diese Freude, deren Sinn ich nicht erforschen kann. Sie sprudelt aus mir hervor."

Ich! Ich bin … aber wo ist alles andere geblieben? Sie blickte noch einmal in die Umgebung, sah die Felsen und das Meer und sah doch nur noch sich selbst als ein erweitertes Sein, in einem großen Atem, ein Raum gewahr seiendes Selbst im Umraum des fleischgewordenen Kosmos.

‚In mir kämpften Freiheit und Identifikation', dachte sie weiter. ‚Etwas in mir glaubte, ich wäre tot. Bin ich tot?' Sie spürte das Leben in jeder Zelle pulsieren. ‚Etwas sucht nach etwas, womit es sich identifizieren und orten kann.' bemerkte sie. Sie beobachtete das Bestreben und musste laut auflachen, wild und kräftig, sodass ihr ganzer Körper vibrierte. Wie unsinnig ihr Bemühen war, in die Identifikation zu einem geformten Selbst zurückzufinden. Wollte sie das denn? Jetzt noch, nach dieser Nacht?

‚Ich bin Nichts', dachte sie und fühlte dabei eine innige Liebe zu der Schönheit die sie umgab, die ihren Körper zu zerreißen drohte, sobald sie sich kontrahierte und getrennt von dem sanften Rauschen der Wellen dachte. Sie bemerkte, dass dies nicht zutraf. ‚Ich bin nichts und zugleich alles', ergänzte sie, und mit einem neuen Humor fügte sie lächelnd hinzu: ‚und durchaus: Vieles.' Sie spürte die Variablen und Möglichkeiten in sich, die Bezüge und Fragmente, die Eins geworden waren und sie fühlte diese neue unfassbare Liebe, die sich ausbreitete. Wie ein Virus ging der Strom der Liebe durch ihren Körper und schien alles zu zersetzen, was sich ihm widersetzte. Sie bemerkte trotz dieses Vorgangs, dass ihr sämtliche Ebenen des menschlichen Seins nicht etwa fremd geworden waren, sondern vielleicht sogar deutlicher bewusst, als wären sie von einem golden leuchtenden Licht umrahmt in einer Intensität, die wunderbar frisch leuchtete. ‚War ich einst wütend, verletzt?', fragte sie sich nachdenklich.

‚Ich bin, und auch Wut ist', dachte sie und beobachte sorgsam, wie die Wut im Gefäß ihres Gewahrseins Form annahm, sich ausbreitete und einer eigenen Dynamik folgend Wege durch ihren Körper suchte. ‚Ich widerstehe der Tendenz, die Wut festzuhalten, sie einzuordnen', bemerkte sie und sah zu, wie jetzt die Liebe der Wut begegnete, als wäre sie ein Defragmentionsprogramm dem sie ohnmächtig gegenüberstand. ‚Was wird Wut jetzt', fragte sie sich neugierig, ‚wenn sie sich weiter zersetzt und ich nichts tun kann, als es beobachtend geschehen zu lassen?'

Sie bemerkte, wie aus der Verwandlung von Wut durch die Pulsation der in ihrem Körper zirkulierenden Liebe eine Kraft entstand, die fast erschreckend zornig war. Damit hatte sie nicht gerechnet. Die Wut löste sich nicht auf, sondern wurde zigmal stärker, intensiver, ja bebte nun in ihren Muskeln und schien aus ihren Augen zu lodern.

‚Ist diese Wut noch etwas anderes als Liebe?', fragte sie sich. ‚Was unterscheidet jetzt noch Liebe von Wut, dieser Wut, die sich anfühlte wie heiliger Zorn, wie eine Instanz von Gerechtigkeit, Moral sogar; dies alles', dachte sie, ‚wenn ich weder Liebe noch Wut personalisiere. Es gehört mir nicht mehr. Ich habe mein Anrecht darauf gestern Nacht abgetreten. Dieses Ich, welches Anspruch fühlte auf die Besitznahme von etwas, es war tatsächlich gestorben, es war in dem Meeresschaum aufgelöst', fassungslos blickte sie auf ihren Körper, als könne sie es kaum fassen, dass sie trotz allem noch da war, in Fleisch und Blut.

,Was geschieht mit meinem Impuls der Liebe?', fragte sie sich.

,Der Impuls gehört Dir nicht mehr', antworteten das Meer und das Firmament gleichzeitig. ,Du bist in uns. Und wir in dir. Du hast deinen Anspruch auf Liebe abgetreten. Du hast dich bereit erklärt, in uns hinein zu sterben, damit wir Liebe in dir auferstehen lassen.'

,Wir, uns?", fragte sie sich. „Wer ist wir?'

,Wir werdenden Grenzenlosen. Das Gefängnis der Identifikation mit etwas weitet sich aus. Wir, das ist: Die Menschheit der Zukunft', hörte sie das Universum antworten.

Sie fiel ganz in diese tiefe Stille. Stille umhüllte sie, umarmte sie, liebte sie, Frieden in dieser Stille und keine Angst mehr. Hier, nachdem sie den Abgrund der totalen Einsamkeit überwunden hatte, jetzt war sie in dem Land angekommen, wo jeder Antrieb zur Handlung weggefallen war und nur noch der Wille in ihr loderte, flammender Liebe Ausdruck zu schenken.

Sie blickte um sich und wurde gewahr, dass sie nichts mehr trennte von dem Umraum und dem Anderen. Nichts hatte sich verändert und alles blieb, wie es war. Nur der Schleier, der sich zwischen sie und das Andere schob, in der Illusion von Trennung lüftete sich nun vollkommen. Ganz sie Selbst zu sein, und gleichzeitig ganz sich selbst vergessen, verloren zu haben, welch Paradox.

Keine persönliche Motivation? Absolute Motivation!

‚Du wirst spüren und fühlen, dass Du selbst die Antwort bist, auf die die Erde wartet. Du hörst auf Suchender zu sein, und wirst gefunden', hörte sie in ihr Herz sagen.

Und sie wusste, sie war am Ende ihrer Reise angekommen.

Kapitel 11: Das freie Wesen

„Some day, if you are lucky, you'll return from a thunderous journey trailing snake scales, wing fragmentsand the musk of Earth and moon. Eyes will examine you for signs of damage or change, and you, too, will wonder if your skin shows traces of fur, or leaves, if thrushes have built a nest of your hair, if Andromeda burns from your eyes. Do not be surprised by prickly questions from those who barely inhabit their own fleeting lives, who barely taste their own possibility, who barely dream. If your hands are empty, treasureless, if your toes have not grown claws, if your obedient voice has not become a wild cry, a howl, you will reassure them. We warned you, they might declare, there is nothing else, no point, no meaning, no mystery at all, just this frantic waiting to die. And yet, they tremble, mute, afraid you've returned without sweet elixir for unspeakable thirst, without a fluent dance or holy language to teach them, without a compass bearing to a forgotten border where no one crosses without weeping for the terrible beauty of galaxies and granite and bone.

They tremble, hoping your lips hold a secret, that the song your body now sings will redeem them, yet they fear your secret is dangerous, shattering, and once it flies from your astonished mouth, they–like you–must disintegrate before unfolding tremulous wings."

-The Return by Geneen Marie

Das kosmische Herz sprach fortan in ihr. Manchmal war es ungewohnt, weil sie dem, was durch sie hindurch nach Worten suchte, blind vertrauen musste. Lange Pausen des inneren Zuhörens wurden zur gewohnten Praxis. Sie war zurückgekehrt unter die Menschen und liebte sie in einer vollkommen neuen Weise.

Wenn sie sprach, hörte sie sich selbst sprechen und stand dem gleichsam wie eine Fremde gegenüber. Ihre Stimme war brüchiger geworden und tiefer. Manchmal war sie so fremd, dass sie sich selbst erschreckte. Oft dachte sie lange darüber nach, was durch ihren Mund zum Ausdruck fand und allmählich gewöhnte sie sich an die merkwürdige Verbundenheit des Denkraumes mit der Mitte ihres Herzens. Sie gewöhnte sich daran, nicht zu wissen, wohin etwas führen würde, was sie in den Raum brachte. Sie lernte zu vertrauen, dass jenes, das durch sie sprach, nach einiger Zeit auch Ausdruck fand im Anderen, wenn sie nur geduldig genug darauf wartete und nicht drängte. Sie erschrak nicht mehr über die Strenge, welche sie manchmal zum Ausdruck brachte und sie schämte sich nicht länger für die Unbeugsamkeit, mit der sie eine Wahrheit vertreten konnte, ohne sich dafür zu rechtfertigen. Und manchmal verbrachte sie viele Stunden in einem Zustand des Friedens und Ruhe, der zeitlos und ewig war. Ihr Körper dehnte sich aus, umhüllte den Kosmos, und was sie in ihr Herz atmete, erfuhr einen leisen Windhauch von Erfrischung und Bewegung. Fragen hörte sie lange, bevor sie direkt an sie gestellt wurden und ihre Antworten bezogen sie selbst immer genau so mit ein, wie die offenen Stellen im Fragenden.

„Ich fühle Schmerz, ich bin verletzt“, sagte einer derjenigen, die bei ihr um Rat suchten.

„Statt mich in dieses Feuer hinein zu verlieren, fühle ich den ganzen Schmerz, aber beobachte mich genau in diesem Erleben. Ich beginne somit, mich selbst als Zeuge in all meinen Handlungen und Emotionen in meinem eigenen Sosein zu erfahren. Da ist Schmerz; ich bin es, aber ‚Ich‘ bin es nicht. Der Schmerz ist in mir. Ich werde zum stillen Gefäß für diesen Schmerz. Ich meditiere ihn nicht weg, aber ich erlaube meinem Gewahrsein, dem Schmerz bis in alle Tiefe auf die Spur zu kommen“, würde sie vielleicht antworten. Dabei rührte sie in ihrem Topf, wo sie Essen für die Kinder zubereitete, oder sie war damit beschäftigt, die verwelkten Blüten im Garten mit ihren Händen abzuzupfen.

„Dieser Augenblick ist Freiheit und Tod in einem. Ich verzichte darauf, mir den Schmerz zu eigen zu machen. Ich verzichte darauf, ihn einzuordnen, etwas mit ihm zu tun. Ich erlaube keiner Handlung, aus diesem Schmerz in Aktion zu treten. Ich atme den Schmerz in mir.“ Manche dieser Gespräche fanden im Innern ihres Herzens statt, und sie überprüfte nie, ob derjenige der die Frage gestellt hatte, die Antwort erhielt. Sie lächelte leise zu den Blumen und Gräsern und hielt sich nicht weiter damit auf. Das Leben wurde einfach. Ihr Herz klopfte in einem großen Eingebundensein, welches keine Zwänge mehr kannte. Sie hörte den Trotz und die Empörung derer, die früher mit ihr gegangen waren. „So einfach kann es doch nicht sein!“, sagten sie dann laut, wenn sie zu ihr kamen, um Rat zu suchen: „Mein Problem ist groß. Es ist größer, als du dir vorstellen kannst!“

Sie fühlte der ungestümen Berechtigung der Worte nach. Ja, es war so viel Schmerz in dieser Erde. So viel Dunkelheit, Unwissenheit und Verwirrtheit in unserer menschlichen Existenz. Sie schaute auf die Berge, die im Abendrot dunkel leuchteten, bevor sie sich dem Fragesteller zuwandte: „Ja, Dein Problem mag groß sein. An dieser Stelle spüren wir sehr genau, wie unser Ego die einfache Freude nicht will. Es möchte Berechtigung für die eigene Verletzung, es sucht einen Schuldigen, eine Ursache, es möchte handeln, es will mit dem Schmerz deine Identität erhalten. Unser Ego erschrickt und entspannt sich auf wundersame Weise, wenn wir stattdessen dem Schmerz sein Sosein gewähren, uns aber still und gelassen gleichzeitig des Ortes bewusst sind, der nie verletzt werden konnte. Siehst du das Licht da draußen, wie es die Bergkette berührt, und hast du den ersten Frühlingsvogel vorhin gehört, als du durch den Wald spaziert bist auf dem Weg zu mir?" Prüfend blickte sie in ihrem Herzen auf den Fragesteller und sah, wie sich sein Schmerz etwas beruhigte, die Wellen der Empörung wurden sanfter. Einige Atemzüge wartete sie noch, bevor sie fortfuhr:

„Hier, wo wir uns gerade treffen, von Herz zu Herz, hier wird die Freiheit geboren."

Sie setzte sich für einen Augenblick an den Küchentisch und blickte nochmals aus dem Fenster. Die Luft war gefüllt mit vibrierender Intensität und sie fühlte wohl den Widerstand in der Seele des Anderen, in diesem inneren Gespräch einen Schritt weiter zu gehen.

„Schau", sagte sie einladend. „Eine Wolke zieht auf am Himmel unseres Gewahrseins. Vielleicht ist diese Wolke heute deine Verletztheit. Wir beobachten ihre

Entstehung und ihren Verlauf. Wir sind gleichzeitig aber auch der Himmel, die Weite der kosmischen Grenzenlosigkeit, in welcher die Wolke sich zeigt. Lass das Bedürfnis fallen, etwas darüber wissen zu müssen. Wissen ist eine Folge von angesammelten Erfahrungen, die wir mit unserem Denken prozessieren und in unserem Gehirn verknüpfen."

Sanft nahm sie seine Hand und hielt sie für einen Augenblick. Beide blickten sich lange in die Augen, sie konnte fühlen, wie er sich entspannte und der Stille des weiten Raumes vertrauen lernte.

Nach einer Weile verabschiedete sie sich und begleitete ihn noch zur Türe. Ein Besucher, wie viele in diesen Tagen. Manchmal wusste sie nicht, ob ihr Gespräch still und leise oder wirklich in Worten gesprochen wurde. Als er sich bedankte und zum Aufbruch anschickte sagte sie:

„Das Problem des Wissens ist, dass die Erfahrungen der Vergangenheit unsere Gegenwart kontrollieren und unsere Zukunft formen möchten. Vertraue einer höheren Perspektive, welche dein Leben führt. Wage es, nicht zu wissen. Spring in das dir Unbekannte."

Sie bemerkte die Geduld, welche sich in ihrem Wesen ausgebreitet hatte. Sie lernte zu unterscheiden, dass die Seele der Menschen unterschiedlichen Reifegraden und Entwicklungsphasen unterlegen war, welche sie nicht stören durfte. Was konnte sie schon anderes mitteilen als das, was sie in ihrem Körper, in ihrem Wesen selbst zu fühlen gelernt hatte. Sie lächelte oft und schwieg manchmal über viele Tage. Immer öfter hörte man sie sagen: „Ich weiß es nicht".

Und immer öfter wagte sie etwas zu tun, was sie nie zuvor getan hatte. Still lief sie dann am Morgen über die Felder und grüßte die Sonne, welche mit jedem Tag andere Lichtspuren über die nahen Berge zeichnete, sie verweilte und schlief, wenn sie friedvoll ein wenig Rast suchte, an einen Baum gelehnt oder im weichen Gras und die Welt trat ihr einfach und klar entgegen. Dabei beobachtete sie die menschliche Gewohnheit, den wachenden Tag gewaltsam und bevor er überhaupt begonnen hatte, sich zu offenbaren, mit Plänen und Strukturen in eine Form zu drängen. Sie nahm wahr, wie der Tag einen eigenen Zauber, eine Stimmung und eine Entwicklung mit sich brachte, auf die es sich lohnte zu vertrauen. Immer mehr lauschte sie den Träumen nach, wo Nacht und Tagbewusstsein in sanften Übergängen nicht mehr deutlich zu unterscheiden waren, und die Intelligenz des Unbewussten, die sich in Traumsequenzen in ihre Seele schrieb, wurde ihr zum willkommenen Lehrer. Der Tag verlief in sanften Kurven, hin und her strömend ohne lineare Folge und immer mehr vertraute sie dem erst ungewohnten Strömen von Kräften und Rhythmen, die in sich selbst den Sinn des Tages und ihres Werdens begriffen.

‚Unser Denken kann zu einer Form der Kontrolle über den Lauf der Dinge mutieren, der uns in einem selbsttätigen Mechanismus welcher uns durch das daraus gebildete Wissen vor der Unbefangenheit unseres reinen Selbst entfremdet', dachte sie, als sie in dieser Weise einige der alltäglichen Verrichtungen ausführte, dabei aber das strömende Pulsieren in ihrem Wesen nicht mehr verlor.

Es wurde zu ihrer alltäglichsten Erfahrung, dass der einzige Weg ‚etwas' zu wissen, das Bekenntnis war, nichts zu wissen und in tiefster Erschütterung darüber dem Leben selbst in die Augen zu blicken.

Wenn sich dort die Gnade einer Intelligenz in ihren stillen Denkraum herabsenkte, wurde Wissen zu einem Ort der Stille, der zugleich tiefstes Mitgefühl und Liebe war und den Andern niemals ausschließen konnte.

‚Dieses Denken ist immer ein Wissen, welches darum weiß, dass jedes menschliche Gehirn dazu erschaffen ist, diese Fähigkeit auszubilden', dachte sie. Wie atemberaubend schön, makellos und rein.

KAPITEL 12: DIE EVOKATION DER LIEBE

Und die Zukunft der Liebe sprach:

Es gibt eine Liebe

die über jede Liebe erhaben ist,

die Leben überdauert.

Zwei Seelen aus einer entstanden.

Vereinigt wie zwei Flammen.

Identisch – und doch getrennt.

Manchmal zusammen, durch Gefühl und Verlangen verschweißt.

Manchmal getrennt, um zu lernen und zu wachsen.

Aber einander immer wieder findend.

In anderen Zeiten, anderen Orten.

Wieder und wieder...

- Überlieferung aus dem 6. Jahrhundert vom japanischen Patriarchen Tatsuya

Am Ende ihrer Reise angekommen wusste sie nicht mehr, was der nächste Tag bringen würde. Sie hörte den Vögeln zu und roch die laue Luft, die viel zu früh in diesem Jahr den Frühling kündete. Die Sonne schien warm und ihre Schritte waren beschwingt und leicht, wenn sie über das Feld lief. Würde sie je wieder so lieben, wie sie immer gehofft hatte zu lieben, oder war ihr dieses Tor nun für immer versperrt durch die Öffnung ins Ungeformte, Weite, Offene? Würde sie noch einmal brennen für ein Gegenüber und den frühen Morgen an seiner Seite teilen und die Hand suchen, wenn sie Trost brauchte in der Nacht? Wie würde ihr Leben nun aussehen, bar aller Pläne und Vorhaben, durchdrungen allein von der Neugierde auf das werdende Sein.

Höre, höre, was die Liebe dir sagt, dir, die du sie suchst und sie hörte, und sie erinnerte sich wie in einem Traum längst gesprochener Worte:

Anders wird es sein. Es wird weniger schmerzen, denn du bist im Schmerz erwacht und weißt, dass darin Ekstase wohnt. Du bist der Spur nach innen gefolgt und hast den Ort hinter deinem Herzen gefunden, der sich nicht vor dem scheut, was der Menschen Schicksal ist. Du weißt jetzt, dass Menschsein so ist und nicht anders, und diese ziehende Sehnsucht die sich nach innen schraubt unter deine Haut, hast du gelernt, als Essenz zu lieben.

Ich will dir antworten auf deine Frage.

In der neuen Liebe werdet ihr zum Gefäß für das eine Ungeteilte und alles, was ihr noch für euch selber haben möchtet, wird sich verlieren in der gemeinsamen Kraft, die ihr durcheinander potenziert, wenn ihr die alten Muster sich auflösen seht. Ihr werdet freudig und bereit die Herausforderungen annehmen und der Wille zu lieben beflügelt euch darin Gewordenes umzugestalten in das, was und wie es euer ungebundenes Wesen verlangt.

In der Liebe erwacht erschafft ihr aneinander einen Beziehungsraum, in dem ihr selbst Antwort geworden seid für den Ruf eurer Seelen. Die Liebe, die euch bewegt, ist absolut bedingungslos und absolut verbindlich. Die Verbindlichkeit richtet sich nicht mehr auf euch als Person, sondern auf die Bereitschaft, euch als evolutionären Prozess selbstverantwortlich und in voller Tiefe zu bejahen.

Diese neue Beziehung bezieht sich nicht mehr auf den Andern. Sie bezieht sich auf das euch Gemeinsame zwischen euch, das werden will gleich einem Dienst an der Evolution selbst. Dieses Dritte beinhaltet den ganzen Zauber, nach dem ihr euch sehnt, denn der Gast zwischen euch ist die Liebe selbst. Ihr werdet beginnen, die Liebe anzubeten und nicht eure Partner. Ihr werdet Geduld entwickeln für seine mühevollen Schritte, so klein sie auch scheinen. Ihr werdet erbarmungslos und hart sein, wenn die Liebe es fordert und dem Andern nicht erlauben, seine alten Projektionen fortzuführen. Und ihr werdet dabei verletzt werden, immer aufs Neue, doch; wer wird verletzt? Es ist das Schwert des Todes, der das Alte besiegt und sterben lässt. Es ist ein Sterben, und ihr wisst, dass es keinen Tod mehr gibt, der nicht schon in Lebzeiten vollzogen worden wäre.

Beschuldigungen, Eifersucht, Abwehr, Flucht, Isolation, Hass, Kritik, Rückzug, Angriff, Manipulation, Kontrolle. Alle diese emotionalen Strukturen seid ihr; seid ihr Menschen. Das ist eure Realität. Die eine Realität, die ihr niemals sehen möchtet. So seid ihr beschaffen, das ist der Stoff, aus dem ihr gewebt seid. Und wenn ihr ein neues Kleid sucht, eine Seelenhaut, dann muss der Stoff aus neuen Kräften erst gewoben werden, aus eurer eigenen Kraft, aus eurem Willen und aus Liebe zu kontinuierlicher Arbeit. Nicht weil ihr dann mehr lieben würdet, sondern damit mehr Liebe in euch einziehen kann. Die Kräfte dazu sind Mut, Ausdauer, Treue, Kompromisslosigkeit, Ehrlichkeit, Echtheit und Geduld.

Wenn ihr noch selektiert, wenn ihr den Einen lieber mögt als den Anderen, wenn ihr ausgrenzt und filtert, wenn der Andere nur so und nicht so richtig ist, dann hat die Liebe euch noch nicht richtig durchgebrannt. Dann haltet ihr noch an Trennung, Separierung und Exklusivität fest. Vertraut euch gegenseitig, zur Fackel des Feuers füreinander zu werden, die an der richtigen Stelle wärmt und dort brennt, wo es gut ist zu brennen.

Euer Herz wird groß genug sein, den und die Anderen ganz seiner oder ihrer eigenen Wege gehen zu lassen denn ihr ruht in der Gewissheit der Ewigkeit. Ihr werdet gelassen und voller Geduld wissen, dass, wohin auch immer der Andere geht, er oder sie immer neu die Liebe erfahren wird; die Liebe, die unbezähmbar, unvorhersehbar, unkontrollierbar ihre Wege nimmt und sich nicht darum schert, wie viele Tränen sie dabei verursacht. Sie fordert alles und noch mehr, sie fordert, dass aus Alles Nichts wird.

Vollkommene Leere und Stille, Geistesruhe.

In dieser vollkommenen, perfekten Ruhe, wo alles geschehen ist und nichts mehr sein muss, gebiert sie sich aus ihrer eigensten transpersonalen Kraft in das zutiefst Menschliche. Und wenn dieser Tempel geöffnet wird, um andere Menschen, Projekte, Ideen und Geistesfunken als eine neue Art der geistigen Elternschaft zu begleiten, dann feiern wir ein neues Fest der Initiation, wo sich Menschen zusammentun, in einem willentlichen Akt und nicht in einer fremdbestimmten inneren Abhängigkeit.

Dann offenbart sich das Potenzial, das auf der Erde sichtbar machen wird, wohin ihr in der Entwicklung als Nächstes gerade hinstrebt. Nichts weiter als das, und dann kommt das Nächste.

Die Offenbarung der Liebe besteht im Verzicht einer persönlichen Interpretation des Lebens und gerade in dem Loslassen der Identifikation erwacht die Erfahrung einer einzigartigen Perspektive, in der Gott sich als Mensch erfahren will: Dancer ta Vie! Und darin bist Du gemeint – ganz zutiefst persönlich.

Evolution im Herzen fühlend atmen, während der Gedankenstrom innehält. Ein Moment jeweils der Entscheidung, zur inneren Entleerung jeglicher Zukunftsidee. An dem Punkt gleich der Winzigkeit eines Sandkorns bleibt das Gewahrsein der persönlichen Vergänglichkeit als Idee des Verstandes gleichsam ewig. Eine aus formloser Liebe erschaffende Kraft der Möglichkeiten.

Und vor allem, vergiss nie, das Leben ist ein großes Fest. Lebe es. Genieße es. Erlaube Dir das Glück, die Freiheit zu sein, die du geworden bist. Es steht dir zu. Es steht dir zu, glücklich zu sein. Es steht dir zu, glücklich zu sein.

So sprach die Liebe, und fortan sprach sie immerfort. Es hatte kein Ende und keinen Beginn, und an manchen Tagen erinnerte sie sich an den Kuss des Falken, und wie sie es geahnt hatte: Es hört niemals wieder auf. Die

Liebe ist der ewige Raum in dem die Erde leuchtet wie ein Stern, wenn sich der Mensch entschließt, mit seinem ganzen Wesen ihrer Offenbarung Raum zu sein.

Outro: Das Manifest der neuen Frau

Die Frau, die ihre Seelenhaut wieder gefunden hat, hat gelernt, der Vergangenheit zu verzeihen. Ihr Herz und ihr Körper sind befreit von der Verschlossenheit, welche kollektive alte Wunden festzuhalten sucht.

Sie hat erkannt, dass nicht nur sie selbst unterdrückt wurde, sondern auch das Weibliche unterdrückte.

Sie ist gekommen, um in tiefer Liebe dem zu dienen, der das Göttliche repräsentiert.

Dabei ist sie ebenbürtig und geht in tiefer Freude Seite and Seite ihren Weg mit dem Gefährten, der ihr eigen ist und der in unendlicher Freiheit gleichzeitig der ganzen Welt gehört.

Sie kennt keinen Besitz und lebt, ohne festzuhalten, an vielen Orten der Welt, dort, wo sie gebraucht wird und wo ihre Liebe auf fruchtbaren Boden fällt.

Sie weiß um die Ohnmacht des Gesetzes und der Zivilisation, welche ihre Ungebundenheit und Freiheit fürchten.

Sie verzichtet darauf, mächtig zu sein, aber pflegt eine innere Autorität, welche jeden Raum mit ihrer Präsenz schlagartig erhellt.

Sie muss nichts beweisen.

Sie hat aufgehört, sich als Opfer zu fühlen, indem sie die endlosen Tränenmeere angenommen hat, die in ihr emporstiegen, und sie hat nach einigen Tagen, nach einigen Wochen und Monaten gesehen, dass diese Tränen die Tränen des großen Tränenmeeres sind, welche ihren eigenen, persönlichen Schmerz mit aufnehmen.

Sie wurde ein Gefäß, in dem jede Träne verwandelt wird in Hingabe an das Leben.

Als die letzte Träne geweint war, trocknete sie ihre Augen, stand auf, und ging ihres Weges. Dabei segnete sie die Erde unter ihren Füssen und die Kinder am Wegesrand.

Und sie segnete auch den Mann.

Sie fürchtete fortan nicht, die Wahrheit zu sprechen.

Und doch blieb sie weiterhin verbannt von Kräften, die ihr Licht fürchten.

In ihrer Verbannung erlöste sie die ewige Muttergöttin vom Meer, jene, welche mit Macht die Welt einst regierte.

Auch ihre Verbannung dauerte an.

Und dauerte an.

Als sie sich aufmachte, Jahrhunderte später, die Frau, als sie sich aufmachte, in ihrem eigenen Denken zu erwachen, jenseits von magischen Ritualen und ohnmächtiger Liebe, welche die Welt nicht annehmen konnte, trat eine neue Kraft in die Evolution der Erde.

Als die Frau erkannte, dass die Intelligenz des Schöpferischen in ihrer Seele Platz gefunden hatte, öffnete Sophia, die Weisheitsgöttin ihren Schoss und schickte Transformation und Wandlung in das Leben dieser Frau.

Das Alte wird nie wieder sein. Das Neue heißt: Bewegung! Die Frau, die ungestraft Erkenntnis in sich schöpfen kann – heute – bringt die Lebendigkeit in erstarrte Formen, welche das Leben zu neuer Frische locken.

Frau, die Du Sophia dienst, gieße deine Fülle schöpferisch und voller Freude und Gelassenheit in deinen Erdendienst.

Das, was Du wirklich willst, wird sein.

Das, was du denkst, wird werden.

Das, was du fühlst, ist Segen oder Fluch.

Bringe die Kraft des Segens in deine Hände und die Klarheit der Gedanken in deinen Geist, dann kehrt Friede ein:

„So standen wir Seite an Seite, schauten durch das offene Fenster, und dann fühlten wir gemeinsam, in genau demselben Moment: Nun wird das Werk vollendet! Ich fühlte, wie es mich gewaltig durchdrang, mit derselben Gewissheit, die ich in meiner Vision gefühlt hatte. Von diesem Augenblick gab es nichts mehr zu sagen – keine Worte – nichts. Wir WUSSTEN: Das ist ES!"

- Die Mutter/SriAurobindo

Mein Dank:

Der großen Mutter

Sri Aurobindo

Meinen Gefährten

Meinen Schwestern

Dem Meer und den Wölfen, dem Falken und dem Adler und den Bergen.

Appendix: Voice Dialogue

Die menschliche Psyche

Die menschliche Psyche besteht aus einer Vielfalt von inneren, wie auch von außen wirksamen Energiekomplexen, welche die jungianischen Psychologen Drs. Hal und Sidra Stone als Teilselbste oder innere Stimmen benannten. Sie erforschten in einer bahnbrechenden lebenslangen Studie, wie diese „Teilselbste" (subpersonalities) autonom und oft gegensätzlich das Ruder unserer Psyche übernehmen und entsprechend unseres persönlichen Wertsystems real fühlen, handeln und Entscheidungen treffen. Während zu Beginn der Arbeit das Erkennen dieser verschiedenen Teilselbste im Vordergrund stand, entwickelten die Stones daraus eine psychotherapeutische Technik (Dialoguing/Facilitation), welche es möglich macht, sie durch Energie- und Körperresonanz im physischen Raum sicht- und hörbar (Voice Dialogue) werden zu lassen. Somit wird ihre Botschaft und Prägung in aller Klarheit für uns erfahrbar. Wir schaffen mit dieser Erfahrung eine innere Distanz, welche Raum zur Eigenreflexion ermöglicht (Aktivierung einer inneren Objektivität/Zeugenbewusstsein).

Am Anfang eines Transformations-Prozesses mit Voice Dialogue begegnen wir den Teilselbsten in uns, welche Erfahrungen und Prägungen aus Kindheitserlebnissen in sich tragen und darum bemüht sind, uns in ihrer Schutzfunktion vor wiederholter Verletzbarkeit zu schützen. Diesen Stimmenkomplex benannten die Stones als Hauptselbste (Schutzstimmen).

„A man identifies with a small problem which confronts him and he completely forgets the great aims with which he began his work. He identifies with one thought and forgets other thoughts; he is identified with one feeling, with one mood, and forgets his own wider thoughts, emotions, and moods. In work on themselves people are so much identified with separate aims that they fail to see the wood for the trees. Two or three trees nearest to them represent for them the whole wood." (Gurdjieff)

Anliegen dieser Schutzstimmen ist es, innerhalb unserer Umwelt zu funktionieren und möglichst nicht mit den verletzbaren/verletzten Anteilen unserer Psyche in Kontakt zu treten. Diese werden somit ins Unterbewusste verbannt (disowned selves) und wirken von dort unbewusst in unsere Träumen, Partnerschafts- und Familienspiegelungen, sowie konkreter Körpersymptomatik. Während diese Schutzstimmen von unserem Bewusstsein ergriffen werden und somit ein waches Verständnis für ihre Wirksamkeit entsteht, schaffen wir Raum für die verdrängten Selbste (disowned selves). Was wir z.B. im Aussen kritisieren, beurteilen, fürchten und von uns weisen (oder bewundern und verehren) sind die unerlösten Anteile, die auf ein bewusstes Erkennen warten. Wenn uns ein Blick auf diese Teilselbste gewährt ist, zündet sich ein Licht in der Dunkelheit, und der vermeintliche Schatten des tiefenpsychologischen Innenraums wird verwandelt zu transformierten Kräften eines freien menschlichen Urselbst.

So kann eine tiefe Erfahrung von Ungetrenntheit entstehen, die das Wesentliche zwischen zwei Menschen und der gesamten Umwelt ganz neu zur Entfaltung bringen möchte, ohne von inneren Projektionen und Schutzmechanismen gesteuert zu werden. Diesen Ort beschrieben Drs. Stone als „bewusstes Ich"-Prozess wie eine nie abgeschlossene und sich in ständiger Entwicklung befindende Evolution des Menschseins.

Die „Abgeschiedenheit des Geistes" bezeichnete der indische Geisteslehrer Krishnamurti auch als „Ordnung" die in der Erkenntnis über die „Unordnung" in unserem Innern entsteht, wenn das Denken aufgrund vergangener Erfahrungen innerhalb unseres „Geistes" aktiv ist. Er stellt uns dabei vor die Frage, ob es möglich ist, nichts aufzuzeichnen, weder positive noch negative Erfahrungen und somit dem Entwicklungsimpuls von Liebe und Wille als Menschheit ganz neu und vollkommen unbefangen gegenüberzustehen.

Dies erfordert eine vollkommene Erfahrung im Augenblick: „Wenn Sie mich kränken, mir schmeicheln, wenn Sie mich empören – kann der Geist das sofort löschen, ohne es aufzuzeichnen? Ist es möglich, dass er weiß, dass er beleidigt wurde, es aber nicht aufzeichnet, damit er in der Beziehung rein, gesund und vollkommen ist?" Jeder, der ein wenig Erfahrung hat mit dem Versuch, seine Beziehungen bewusst zu gestalten, wird die Wucht dieser Fragestellung erleben. Wir begegnen hier der Frage: Wer in uns zeichnet eigentlich auf – und warum eigentlich? Was veranlasst uns, an Schmerzen, Beleidigung, Enttäuschung festzuhalten?

Hier begegnen wir der dualen Einteilung der Welt in Gut und Böse, Dunkel und Hell, Richtig und Falsch.

In unserem Alltagsbewusstsein (ego experience) fehlt meist die innere Mitte, bewusst mit diesen Dual-Polaritäten umzugehen, und so pendeln wir, oft ohne es zu merken zwischen verschiedenen Teilselbsten und lassen unser Leben weitgehend von ihren Wünschen, Botschaften und Werten bestimmen. Der Mensch befindet sich in einem Schlafzustand (so Gurdjieff), der einem automatischen Reagieren ähnlich ist und wenig Spielraum für ein freies Handeln lässt.

In der kontinuierlichen Weiterentwicklung der Arbeit durch die Stones wurde deutlich, dass die Erfahrung eines beweglichen und nicht identifizierten Zentrums in der menschlichen Psyche das vordergründige Ziel der entwicklungspsychologischen Arbeit sein würde, um die Identifikation mit diesen autonomen Stimmen deutlich zu machen. Diese Mitte benannten sie „Bewusstes Ich"(Aware Ego), also den Ort, wo durch wachsendes Bewusstsein und Erkenntnis unserer Psyche, die Instanz einer vollkommen neuen Entscheidungsfreiheit entwickelt werden kann, die sich nicht mehr auf die Absicherung der Persona, sondern auf das Empfangen eines tiefen Liebesimpulses richten kann. Dies gleicht dem Aufwachen von einer konditionierten „Person", zu einem möglichen einzigartigen Selbst welches durch keine Konditionierung gebunden ist.

Das Kennenlernen der verdrängten Selbste öffnet unseren menschlichen Horizont für eine Welt, die unmittelbar und unerwartet oft eine Fülle von Kreativität und Lebensfreude erschließt. Bis in die Archetypen der Natur, Elementar- und Traumwesen und der

Realität einer geistigen Welt reicht nun das beginnende Erwachen in einem neuen Bewusstsein. Unser Blick schärft sich für die Lebendigkeit hinter allen Demaskierungen und somit wächst unsere Fähigkeit zu einer echten Erfahrung mit unseren Mitmenschen, wie auch mit der Welt, in der wir als vollkommenes Wesen verbunden und ungetrennt leben.

ZUR AUTORIN:

Cordula (Mears-)Frei leuchtet mit einem weiblichen Lichtstrahl in die dunkelsten Ecken der menschlichen Psyche, dorthin, wo kosmischer Schöpfungsmythos mit zeitlos archaischen Kräften zusammentreffen und beschreibt dabei in subtiler Genauigkeit die Auswirkungen dieser Kraftfelder, die uns bis in die alltäglichsten Fragen des Frau – und Mannseins beschäftigen. Dabei nimmt sie uns in selbstverständlicher Weise mit auf eine Reise in die lebendige Erfahrung der Psychologie der Selbste.

Als erfahrene Voice Dialogue Trainerin, Autorin und internationale Dozentin vermittelt sie uns anschaulich und mit vielen Beispielen die faszinierende Vielfalt der inneren Teilpersönlichkeiten und trifft uns gerade dort; mitten ins Herz, auf der Reise, um die zerstückelten Seelenanteile wieder dort einzusammeln, wo sie unsere Vorfahren und wir selbst einst verloren haben. Diese Reise führt durch Schatten und unbewusste Labyrinthe der menschlichen Psyche, zu vergessenen Orten der Heilung und zum Ursprung der Wunde, welche Mann und Frau erbarmungslos in die Spirale der Getrenntheit führte.

Integration wird möglich, wenn wir erkennend unsere verdrängten Wesensanteile wieder in uns lebendig werden lassen, und umfassende Ganzheit im eigenen Geschlecht; die Vereinigung des universell Männlich-Weiblichen in der eigenen Seele führt zur Freiheit das grundlegend Menschliche als tragende Kraft beider Polaritäten in sich zu vereinen.

An dieser Stelle wird deutlich, dass ein jedes persönliche Gefühl, welches wir in uns bewegen, auch eine transpersonale-kollektive Kraft ist, welche die Vielheit der Gesichter der menschlichen Evolution widerspiegelt. Unser Persönliches loszulassen und in die grundlegende Verbundenheit hinter jeglicher Identifikation unseres Egos zu springen, erfordert großen Mut. Diesen Mut finden wir in dem zweigleisigen Weg der absoluten und unausschließlichen Begegnung mit allen persönlichen Formen der Menschheit – und des gleichzeitigen Erkennens der transpersonalen Qualität ‚einer' Menschheit, die wir alle sind. Hier endet Separation und Abgrenzung, und wir kehren zurück zur Quelle der allumfassenden Einheit jenseits der Dualität.

Wegstationen:

Lehrerin für Voice Dialogue, Traumarbeit und integrales Yoga nach Sri Aurobindo und Mirra Alfassa. Konstellations- und Systematische Aufstellungsarbeit bei B. Hellinger sowie zertifizierte transpersonale Therapeutin/Eurotas und Mitglied von SEN (Grof/Rütte).

Leitung der deutschsprachigen Voice Dialogue Sommerakademien seit 1995.

Mitentwicklung von Horse Dialogue und Mentorin junger Erwachsenenbildung.

Freie Buchautorin („Alchemie der Seele") und Publikationen in zahlreichen Fachzeitschriften. Aus dem eigenen inneren Schulungsweg Integration aus Elementen des Schamanismus und des inneren Erkenntnisweges nach Rudolf Steiner und Jiddu Krishnamurti.

Im Südschwarzwald lebt sie in Stille und Abgeschiedenheit in den Bergen. www.evolutionofmankind.org